孩子啊，我们该拿手机怎么办

安心·著

北京联合出版公司
Beijing United Publishing Co.,Ltd.

图书在版编目（CIP）数据

孩子啊，我们该拿手机怎么办 / 安心著. -- 北京：北京联合出版公司，2024.7

ISBN 978-7-5596-7574-3

Ⅰ.①孩… Ⅱ.①安… Ⅲ.①家庭教育 Ⅳ.①G78

中国国家版本馆CIP数据核字（2024）第077500号

孩子啊，我们该拿手机怎么办

作　　者：安　心
出 品 人：赵红仕
选题策划：先后出版
策划编辑：朱　笛
责任编辑：徐　樟
特约编辑：王倩慧
封面绘图：典婆婆
装帧设计：日　尧

北京联合出版公司出版
（北京市西城区德外大街83号楼9层　100088）
嘉业印刷（天津）有限公司印刷　新华书店经销
字数95千字　880毫米×1230毫米　1/32　6.625印张
2024年7月第1版　2024年7月第1次印刷
ISBN 978-7-5596-7574-3
定价：56.00元

版权所有，侵权必究

未经书面许可，不得以任何方式转载、复制、翻印本书部分或全部内容。
本书若有质量问题，请与本公司图书销售中心联系调换。电话：010 - 64936383

目 录
CONTENTS

序 言 001

第一章 转变态度：关系优先原则

第一节·在困境中蜕变重生 002
1. 不演内心戏 002
2. 不讨好，不迎合 011
3. 外面只有自己 015
4. 转念花开 018

第二节·我就是我在等待的那个人 023
1. 接受孩子本来的样子 023
2. 不干涉，不越界 028
3. 相对约束，绝对自由 030
4. 不是我，还能是谁 033

第三节·好状态是好关系的副产品 036
1. 满足需求是王道 036
2. 放松的关系带来联结和稳定 040
3. 爱是陪伴与沟通 043

第二章　更新认知：手机可怕吗

第一节·不要温顺地走进那个良宵　　048
    1. 失控　　048
    2. 伤害　　051
    3. 接纳　　059
    4. 溯源　　066
    5. 重生　　070

第二节·我的焦虑我负责　　076
    1. 不要投射焦虑　　076
    2. 相信"相信"的力量　　078
    3. 我的恐惧，于我终结　　086

第三节·父母应该被培训而不是被责备　　089
    1. 厌学背后的心理　　089
    2. 让兴趣只是兴趣　　094
    3. 建立信任，循序渐进　　096
    4. 停止控制，保持谦卑　　101

第三章 改善沟通：人生何处不沟通

第一节 · 与孩子一同成长   108
    1. 不对抗孩子的成长规律   108
    2. 手机做不了保姆   110

第二节 · 生命不息，沟通不止   114
    1. 和孩子一起制定规则   114
    2. 扎根在彼此的需求上   118
    3. 家庭成员以外的电子产品冲突   123
    4. 教育来自"平等"而非"权威"   139

第三节 · 有热爱，不沉溺   142
    1. 电子产品在我家   142
    2. 热爱抵万金   145
    3. 孩子眼中的网络世界   146
    4. 防的是沉迷，不是手机   151

第四章　应对原则：我们要彼此看见

第一节・原则一：放下成见，看见需求　158
1. 换个角度，大有不同　158
2. 藏进手机的需求　162

第二节・原则二：撕下标签，用心倾听　164
1. 孩子的留言　164
2. 通过倾听，看见孩子　167

第三节・原则三：正面表达，不对立伤害　172
1. 好好说话的秘诀　172
2. "你信息"与"我信息"　176

第四节・原则四：看见彼此，达成双赢　179
1. 规则不是规定　180
2. 制定规则需要孩子参与　181
3. 用双赢法制定规则　181

第五节・原则五：做顾问型父母　185
1. 养娃也要与时俱进　185
2. 聪明的父母当顾问　187

后记　孩子的灵魂属于明日世界　191

序言

2023年春节期间,我受邀参加徐峥导演发起的"北京峥爱公益基金会"组织的冬令营,给父母和孩子们讲课。

有天,徐导和我聊到当下青少年的手机问题,我们都感慨几乎所有的家庭都存在手机问题。徐导问,你们的课程里有没有帮助父母解决这个问题的方法。我说,当然啦,有很多这样的案例。

徐导建议我,应该就手机问题开一门课,就叫"孩子啊,我们该拿手机怎么办"。

徐导半开玩笑的话,我却在认真考虑,确实可以让更多父母学习如何解决手机这个难题。于是,我决定把这些案例整理分享出来，并且就用徐导说的课程名称作为书名。

如果你问我在从事家庭教育的过程中，父母们最典型的困扰是什么，毫无疑问，手机问题就是其中一个。近些年，不论是涉及的孩子年龄段，还是被困扰的父母数量，都呈现扩大、增长的趋势。

2023年12月，共青团中央维护青少年权益部、中国互联网络信息中心（CNNIC）发布《第5次全国未成年人互联网使用情况调查报告》，通过对全国31个省（自治区、直辖市）未成年人、家长和老师的大规模调查，全方位分析了当前未成年人互联网使用的特点和发展趋势。报告中的一项数据指出，2022年，我国未成年网民已突破1.93亿，未成年人互联网普及率为97.2%。

以前，只是少数青少年群体的父母受这个问题的困扰，而现在，绝大多数父母都有这个困扰，有些幼儿园孩子的父母也成为其中一员。甚至，身为父母的我们，也是一样被手机和网络"裹挟"。很多时候，家长对孩子怒吼"放下手机"，但自己却一样放不下手机。

这些年,不只是父母,也有学校和媒体机构邀请我和同人就这个问题进行一些分享,最终都落到父母该如何应对这一困扰上。这也是我在课程中最常被问到的问题:孩子沉迷于网络,我该怎么办?

或许翻开此书的你,也想问同样的问题吧。我可以直接把答案给你,但未必能真正帮到你。解决问题最好的方式是在实践中学习,其次是经由别人的经验分享,从中受到启发,得出自己的解决方法。

所以,我决定采访那些已经解决了这一困扰的父母。为了让大家的视角更全面一些,我也采访了案例中的孩子,可以听听他们的心声和看法。在每个案例的结尾,也有我对这些家庭解决手机问题的观察和总结。最后,由你来总结出最适合自己的方法。

从诸多案例中发现,亲子关系、父母的教养方式和学校环境会影响未成年人的网络使用动机和沉迷程度。亲子关系越是融洽,未成年人上网动机越弱,越少依赖网络来满足心理需要,而父母与孩子的相处方式越不被孩子理解和接受，孩子沉迷网络的可能性越高。

在这些年陪伴父母们深入探索手机问题的过程中，我发现手机问题其实就是关系问题、认知问题及沟通问题，想从根本上解决，就要从这三方面入手。已有许多父母通过学习如何与孩子沟通，提升或改善了亲子关系甚至家庭关系，从而解决了与孩子的手机冲突问题。

这本书里，第一章关于改善亲子关系，第二章关于父母改变对手机问题的认知，第三章关于亲子沟通，最后的第四章提供了应对手机问题的五大原则。

我邀请大家带着自己的问题或困扰，与我一起走进这些家庭，耐心读完每个案例。他们的家庭情况各异，孩子的年龄也各不相同，但都有一个共同点——经由改变与调整，家长与孩子一起解决了问题，而不是与问题一起"解决"了孩子。

因为我接触的绝大部分是学习了 P.E.T.[1] 的父母，所以在这

---

1. 即父母效能训练，是一门以人本主义心理学为基础的亲子沟通课程。

些案例里我会提及 P.E.T. 课程，这并不代表你一定要学习这门课程，其他能协助你改善亲子关系的课程也可以，甚至你也不一定要专门去学某门课程，课程不重要，你想要从根本上解决这一困扰的决心才最重要。

需要特别声明的是，沉迷和上瘾是不同的。绝大部分的孩子只是沉迷于网络而非上瘾，本书不涉及上瘾部分。客观来说，"沉迷"也是一个标签，应该说是孩子比较多地使用电子产品。

非常感谢所有提供案例的父母和孩子，因为他们愿意接受我的采访，才有这本书。最后，愿你如书中的这些父母一样，敢于正视问题，把问题当作一次契机，走进自己的内在，改变自己的应对模式，为你的困惑找到答案。

如果你有这样的愿心，本书定能帮助你找到属于你家庭的手机问题解决方案，走出手机困局，创建更灵动、更亲密，也更具成长性的亲子关系。

第一章
转变态度：
关系优先原则

第一节

在困境中蜕变重生

在那些看似艰难之处，隐藏着生命的出路和智慧的果实。安然正是从孩子的手机困局里找到了自己的生命出路。

1. 不演内心戏

安然[1]一家四口，老大是女儿，老二是儿子。女儿一慧是比较合作的孩子，在手机问题上没有让安然觉得困扰，有时稍微提醒一下就可以不玩了。而弟弟一辰很早就有自己的手机，小学就开始玩游戏。升入初中，玩游戏的时间越来越长，经常是放学后就掏出手机，连玩几个小时。安然觉得，一辰沉迷于手机游戏，甚至是上瘾了。

最初，安然觉得管手机很耗精力，要记时间，要跟孩子斗

---

1. 本书中所有人名均为化名（第三章除外）。

智斗勇，大人和孩子都很累；另一方面，也听说很多被管控的孩子到大学后就报复性使用电子产品。所以，安然和丈夫很早就决定不去刻意管控孩子使用手机的时间，希望孩子们可以在这个过程中学习自律。

初中后，因为一辰学习成绩还可以，加上一说手机问题就会爆发冲突，安然也只能采取忍让和妥协的方式。

其间也有偶尔忍不住，冲突升级的时候。有次，安然的丈夫就用锤子把一辰的手机砸了，但没过多久，心一软又给孩子买了新的。拿到手机后，一辰故态复萌，又"钻"了进去。

看着面临中考的一辰整天拿着手机，其他事情一律不看也不干，就坐着玩游戏，水也可以不喝，饭都可以不吃，更别说写作业了。安然忍无可忍，直接到了崩溃的边缘。

中考前的某天，又一次因为手机问题，安然跟一辰发生激烈的争吵，感觉已经失控的安然难过地跑出家门。丈夫得知此事，火冒三丈地再一次打了一辰。与其说打，不如说是对打，而在这次事件里，一辰为了保护自己，选择了报警。警察了解事件原委后，也劝说一辰快中考了要以学业为重，但无论警察说什么，都被一辰撑了回去，最后只能不了了之。

安然和丈夫彻底绝望了。

不知如何是好的安然想起曾经从我的书中看到过P.E.T.，于是报名参加工作坊。

在工作坊里，情绪崩溃的安然表达了对儿子的生气、厌恶、愤恨等情绪。授课老师不断倾听她的难过，同时也听出了她对儿子的心疼。倾听让安然逐渐看到自己的内心，她的情绪慢慢平静下来，她明白了问题所在——内心心疼儿子，行为却让孩子很痛苦。在这之前，她竟然一直都没有意识到自己的内心感受和外在行为是相互冲突的，于是，"我要调整我自己"的想法在安然心里开始萌芽。

或许是看到安然因深陷在自己的一些观点里而痛苦，授课老师给安然推荐了拜伦·凯蒂的《一念之转》这本书。在后来的采访中，安然多次提到这本书对她帮助特别大。

照着书中提供的探索工具，安然看到自己在不知不觉中把人生所有的希望、梦想、成功与否都投放在儿子的身上，她觉得如果儿子失败了，自己的人生也就失败了。

不仅如此，她还看到了自己身上的原生家庭烙印。安然生长在重男轻女的家庭，妈妈对她没有要求，也不怎么管她，却对哥哥特别用心，有很高的期许。妈妈的教育模式在她身上延续了下来，所以她特别恐惧，觉得如果儿子中考没考好，他的人生就失败了，那自己的人生也跟着完了。于是，儿子一拿手机，她就进入了自己编织的关于"失败"的故事里，开始焦虑不安。

与其说是孩子玩手机让安然焦虑，不如说是安然把原本就有的恐惧投射到了孩子玩手机这件事情上。所以，正在为此苦恼的父母们，我想邀请你们敞开自己的心，看看你到底把什么样的恐惧投射到了孩子身上，以致陷入焦虑。

经过学习、调整后，每当安然看到一辰玩游戏而产生情绪时，便开始写转念作业，借由孩子来探索自己的内在信念，比如，孩子这么玩手机会没前途、孩子在浪费生命、他的人生要完了、他将一事无成等。通过针对这些信念进行转念，安然一再打破自己的认知限制，从这些念头里松绑开来。

在这里,我想跟大家分享我对转念的体会。转念不是否定原有念头,或者把原有念头转没了,而是通过书中提供的方法,看到原有观点的局限性。所谓观点,就是从一点而观,当我们看到观点的局限时,自然就会转念。

写转念作业单,有点像自问自答,以下是安然针对她脑海中的一个信念所写的简单版转念作业单:

> **念头:这样下去,孩子将不会拥有好的人生。**
>
> 1. 这是真的吗?
>
> 安然:真的。
>
> 2. 你能完全确定,这是真的吗?
>
> 安然:不能完全确定。

3. 有这个想法的时候,你是怎样的?

安然:我很担心,觉得他考不上好学校,未来不会有好工作。如果是这样,我也会觉得自己很失败、很没用,感觉人生没有价值、白活了。我还会觉得焦虑,不想应了母亲以前说的"女孩子没用"这句话。我从原来的地方出来,就是要证明自己是有用的。

4. 没有这个想法时,你是怎样的呢?

安然:没有这个想法的时候,我放松很多。他那么聪明,不会让自己成为那样的人。

5. 反向思考。

安然:这样下去,孩子也会有好的人生。

举出能说明这个反向观点的例子——

安然:他虽然爱玩手机,但一直都将自己的事情安排得很好。其实我小时候也爱玩,浪费了很多时间,但这并没有毁掉我的人生。

6. 另一个反向思考。

安然:这样下去,我不会有好的人生。

举出能说明这个反向观点的例子——

安然:我选择来到深圳,渴望干出点成绩,但现在还没有。在担心孩子的身体之前,还不如先担心自己正在不断扩大的焦虑,再这样下去,我不会有好的身体。

正是这个转念作业单,让安然意识到,儿子成功与否跟她没有很大关系,就算儿子成功了,她的人生也有可能是失败的,她不能再把对自己的期待放到儿子身上了。安然开始把这个期待收回来，放回自己身上，她告诉自己：如果我想成功，那么我需要自己去学习。

有次，樊登老师访谈时问我，怎样才能让父母主动学习。我说，我们没法让父母主动，但痛苦可以，很多父母都是因为没有办法了，极度痛苦后，才愿意走上学习的道路。

正如安然，孩子的毫不妥协，让她毫无办法、痛苦不堪，只能转身面对自己。在一次次的探索里，她不断把注意力拉回自己身上，不断看书、学习，在自己身上下功夫，不再期待通过孩子来实现自己的价值。慢慢地，安然变得没那么焦虑，也没那么慌了。当她的情绪变得平稳时，她明显感觉一辰也放松平和了许多，玩游戏的时候也不再像防贼一样防着自己了。

当我们的采访进行到这里时，安然回忆说："那段时间，当我有负面情绪时，我就去探索情绪背后的信念是什么，然后写转念作业。写完之后，我用平和的心态去接纳他，我没跟他说什么，也没做什么，就是尽量让自己处在一种稳定的状态，接纳他，允许他。我们之间的紧张关系越来越松动、和缓。我在这个地方下了很多的功夫。"那段时间，每当丈夫对孩子有情绪时，安然也会去平复他的情绪，慢慢地，丈夫没那么焦虑了，一辰的状态也越来越好。

中考结束，一辰考进了深圳外国语龙华分校，一共900多人，一辰以600多名的成绩考进去。高一上学期，一辰还是会继续玩游戏，但是他给自己定下目标，要去一个更好的班。高一下学期，他如愿去到更好的班，之后就不怎么玩手机了。如今的一辰，在刚刚过去的期中考试中，考了全校第八名、班级第二名。

安然说，一辰像突然开窍了一样，在学习上的能量状态很饱满，非常用功，安然不时还要提醒他身体第一，不要太累了。我采访安然时，刚好是五一假期，一辰玩了会儿手机后就很自责，说在家里太放松自己了，还是要回学校跟同学们一起"卷"。

采访进行到这里，我问安然："一辰现在的状态，就是大家口中的充满内驱力的孩子，你觉得他这种状态是怎么来的呢？"安然告诉我，她其实不清楚一辰的心路历程，但她能感觉到，一辰现在有什么心里话都会跟她说一说。

在这之前，一辰根本不跟父母沟通。但凡安然问他点什么,比如"今天学得怎么样"之类,一辰就会变得烦躁,很不耐烦地问:"你想干吗?"安然如果说:"我想跟你聊一下。"一辰就会回答:"你有话就赶快说啊。"她感觉自己和一辰根本就无法聊天。而现在每次接送他上下学,一辰上车后都会主动跟安然聊起学校里开心或者不开心的事情。

我说:"虽然你不清楚孩子的心路历程,但其实回过头来看,是孩子通过跟你们对抗,拿回了他管理自己的权力。不管是学习还是玩手机,都变成了他自己能完全做主的事情,在这个过程中,他反而学会了自我管理。你看,其实孩子并没有沉迷于手机,玩游戏也没有影响到他的学习成绩。"

安然说:"是的,我之前太焦虑了,总把焦点都放在他玩游戏上,事实上他的功课并没落下,后来我问了老师和其他同学,才知道他在学校里就把作业全部写完了。"

2. 不讨好,不迎合

安然告诉我,现在她会观察孩子喜欢吃什么菜,然后做给孩子们。有时她还会在小红书上学习那些菜怎么做,提前准备好。丈夫觉得这样太辛苦，有时候准备了孩子也不一定吃。但安然觉得没关系，不是做了就必须吃，强迫孩子吃不喜欢的东西多难受，"我只做我的，孩子自己选择要不要吃"。

以前，安然只要对孩子做了一点事情，就会不自觉地去想：我为你付出了这么多，你却不懂感恩。现在她觉得为孩子做些事很正常，不是她做了孩子就一定要接受。允许孩子有选择，孩子的选择也被接纳，安然说这是她非常大的转变。

安然的描述，让我看到了她的放松和用心，我想这就是来自妈妈的无条件的爱。我问安然，你会怎么形容你跟孩子从小到大的关系呢？安然开始跟我回忆养育孩子的过程。

孩子小时候，安然基本上都是用权威对待他们，也没有想过应该尊重孩子的想法，觉得既然生了孩子，把他们养大就是自己的责任，那个时候，养育对她来说就是在尽责任了。

一辰9岁时，变得很叛逆，谁的话都不听，发起脾气来常常处于完全失控的状态。安然觉得孩子这样长大之后会祸害社会，于是结束了美容院的经营，回家专职带孩子，把所有精力放在孩子身上。这时候的她，还只是把养育孩子当成责任，虽然选择了专职陪伴，但是底层的教育观、养育观并没有转变。

直到一辰上了初中，手机问题爆发后，随着安然一次次深入探索自己的内心，她底层的养育观才彻底翻转过来——把力量放在自己身上，想成为什么样的人，自己为此负起全部的责任，而不是期待孩子帮助自己完成；在孩子有需求时，尽全力去协助，与孩子平等沟通，给他们创建一个安全的环境，让孩子有机会成为最好的样子，活出自己。

以前沟通时，安然总想去讨好一辰，她发现这样做不但把自己放低了，而且一辰并不喜欢妈妈的讨好。

我很赞叹安然能发现这一点。在中国，很多父母都会把期待放在孩子身上，希望通过孩子来证明自己的价值，在这种心态下，就会无意识地讨好孩子。而这样的讨好，于孩子而言就是索取，他们能感觉到的也只是攻击。

我想，安然跟一慧的关系比较轻松的一个重要原因是，安然并没有把自己的人生期待投射到一慧身上，没有期待就少了操控和压迫，从这个角度来看，一慧在家里所感受到的压力相对会少一些，也有更多做自己的空间。

当我提到一慧时，安然很感慨地说："一慧给了我很大的支持，在一辰上初三，我们为手机问题不断起冲突的时候，我崩溃无力，甚至想到了死。那时候上高三的一慧给了我很大的精神支持，她给我很多安慰，像天使一样。"

后来我采访一慧，从她那儿得知，内心敏感细腻的她觉得自己在家庭矛盾中是首当其冲的，压力也很大，所以一直在为缓解家庭矛盾做出自己的努力，想协助大家一起解决问题。比如发起家庭大会，主动跟妈妈多交流，鼓励她走出困境等。

我问一慧："你觉得妈妈这一年有变化吗？"一慧肯定说："这三四年来，妈妈的变化很明显，能看出来妈妈一直在学习和成长。"一慧说，前几年家庭矛盾比较严重时，妈妈经常控制不住情绪，很容易暴躁，大吼大叫，很多小事也无法正常沟通，语气咄咄逼人，明显能感觉到带着情绪。现在妈妈不但可以好好交流，还能察觉到孩子的需求，并且有所行动。一慧觉得妈妈的成长是随着时间一步步来的。以前妈妈身体中有80%失控的情绪，如今随着时间在不断减少，先是50%，再到30%，现在只有20%了。

我接着问一慧,看到妈妈的这些变化是什么感觉,一慧说:"我比较欣慰,她一直都在进步。我也感动和骄傲有一个成长型人格的妈妈。很多人都不会轻易改变,即使他们是错误的,但我的妈妈作为一个有了一定年纪的人,却依然能接受新的观念,完善自己的人格,持续学习,日复一日地进步,我觉得这是很难得的。"

最后我问她,"妈妈身上哪个品质是你最想学习的",一慧回答,是成长型人格和不断成长的能力。

最后,当安然向一辰转达我想采访他时,一辰说,他现在还没做到完全不玩手机,不好意思接受我的采访。一个简单的回应,让我感受到了一辰的真诚和真实,我便也作罢。

3. 外面只有自己

采访过程中,安然拿出她在面对孩子的手机问题时写下的两大本转念作业,我在心里感慨,做父母真不容易啊!

我也写过转念作业,现在遇到困扰时也会这么做。其实难的不是拿起笔去写,而是在写的过程中,需要保持内心敞开,放下自我防备，深入去面对那个未知的、脆弱的、胆小的、卑微的，甚至是有些阴暗的自己。

这个过程非常需要勇气，因为在绝大多数时候，我们都在否定自己内在的这些面向，这些被我们判定为"不好"的方方面面被有意地隐藏起来，同时被隐藏的还有勇敢、力量、诚实等品质。

世间万物总有两面，天与地，阴与阳，高与低，多与寡。如果否定自己的脆弱，那么我们只能虚假着强大。但当我们可以面对内在的脆弱时，就迎回了自己真正的力量。一点点脱落和穿越内在那些不被我们认可的面向，就是在一次次拿回自己的力量，这是发现隐藏在我们内心的爱与智慧的过程，是对心的打扫。

很多时候，比面对自己内在的不同面向更困难的地方在于，我们习惯认为自己是对的，对自己的想法深信不疑，不肯放下。阿迪亚香提说："当我们开始对自己的想法信以为真，当我们在最深的层面上认为想法就等同于现实，那么我们就会看到，这种认知直接地将我们导向挫折、不满以及最终的苦难。"

举个例子，"孩子应该少玩手机多学习"跟"今晚我想少吃点饭"都是一些来自头脑的想法而已，本质上是一样的，但如果我们开始执着于"孩子应该少玩手机多学习"，痛苦就随之而来。天空飘过很多云，我们想抓住其中一朵，这本身就是很疯狂的事情。

生命是流动的，"孩子应该少玩手机多学习"是固化的，把流动的生命装进固化的想法里面，生命的能量也会被固化和冻结起来。事实上，只有"孩子是这样或那样的"，而没有"孩子应该是什么样的"。

要解决孩子的手机问题，很重要的一点就是我们愿意放下那些信以为真的想法，如其所是地看见孩子。整体地去了解孩子，看见手机问题形成的原因、隐藏在手机问题背后孩子的需求以及我们投射在孩子身上的信念和情绪。这样，我们不但解决了手机问题，同时也能真正和孩子建立起良好的亲子关系，促进彼此的生命成长。

如果要从安然和一辰为手机斗智斗勇的案例里总结出解决手机问题的路线，其实很简单：第一，遇到困难，寻求改变，学习新的沟通模式。第二，情绪来临时，通过写转念作业不断回看自己，与自己和解。第三，形成新的养育观，支持、协助孩子，给孩子创造一个安全的环境。第四，不断践行以上三点。

路线很简单，但完全做到却不容易。采访快结束时，安然突然感慨："走过来真不容易啊，但我知道，这是对的路，有效的路。"也正是养育孩子的这些年，安然开始主动学习，踏上实现自我价值的道路，而不再是期待通过儿子来实现。

从那些困住自己的，看似为难自己的地方站起来，就是重生。安然走出的这条路不仅是解决孩子手机问题的路，也是适用于突破所有生命困境的路。

毕竟，外面没有别人，外面只有自己。

4. 转念花开

《一念之转》的作者拜伦·凯蒂为读者提供了一套简单的、深入探索信念的工具，帮助人们突破信念所带来的制约，这套工具，包含四个问题及几个反向思考。

下面是一个简单版的转念作业单，供你进行练习：

念头：在空白处写下你对孩子使用电子产品的担忧或恐惧。（比如：这样下去，孩子将不会有好的人生。）

....

....

1. 这是真的吗？（尝试联结你的心给出答案，只回答"是"或"不是"。）

....

2. 你能完全确定，这是真的吗？（尝试联结你的心给出答案，只回答"是"或"不是"。）

....

3. 有这个想法的时候，你是怎样的状态？（在这个念头之下，你有什么样的情绪，你身体是什么感觉？）

....

4. 没有这个想法时,你是怎样的呢?(在这之前,你是怎样的状态?)

....

....

....

....

5. 反向思考。(写出与原有念头完全相反的想法,比如:这样下去,孩子也会有好的人生。然后思考这个念头是否一样真实,或更真实?举例说明新的念头一样成立。)

....

....

....

....

6. 另一个反向思考。（把原有念头里的所有人物换成自己。比如：这样下去，我也不会有好的人生。然后看看这个念头是否也一样真实，或更真实？举例说明新的念头一样成立。）

思考

写完以上作业单，你对自己有何发现？（刚开始练习或不知如何下笔的家长可以参照前面安然的案例，这样的作业单在你每次有情绪、感觉被困时都可以写。）

> 第二节

我就是我在等待的那个人

每当我被问到，孩子的手机问题该怎么应对、有没有解决的方法时，我的眼前就会浮现子君毅然决然飞赴深圳参加亲子课程学习的场景。

1. 接受孩子本来的样子

子君是一名在职妈妈，跟很多家庭一样，在家里，孩子的起居饮食主要由奶奶负责，而教育方面则由子君负责。

在儿子大毛上小学时，子君就跨界心理学行业。大毛的成绩一直处于中上游，子君感觉自己很幸运，整个小学阶段都没有出现过大的亲子冲突。凭着良好的学习基础，大毛也顺利进入了不错的初中。小学以前，子君对自己的亲子教育方法的评价是——自我感觉良好。

让子君没有想到的是，儿子的初中阶段却成为他们母子关系最艰难的一个时期。初一开始，大毛就出现写作业吃力的情况，到了初二成绩严重下滑，年级排名下降到600多名。随着各科作业量不断增加，大毛不能保质保量完成，效率不高，睡觉也晚，导致上课经常犯困，或在课堂上补作业，为此经常和老师起争执。

子君开始频繁接到老师的"投诉"电话，有一个学期，子君连续三次被请到学校谈话，大毛也成了重点关注对象。作为一个二级心理咨询师，且自认对亲子教育深得其道的家长，子君陷入深深的焦虑和沮丧。

于是，在大毛写作业中途喝水、上厕所达到三次时，子君就会提醒他："你已经起来第三次了。" 在大毛的观点和老师相左的时候，子君就会语重心长地同他讲道理，暗示和同学老师处好关系是一个人高情商的体现。为了解决写作业磨蹭的问题，子君还给儿子推荐了网上的时间管理课，并且自己优先做好表率先行学习，同时与儿子交流她的学习心得，大力推崇时间管理的理念。

没想到，经过这一番"艰苦卓绝"的努力后，子君沮丧地发现，儿子的成绩并没有起色，她和儿子的矛盾也正在激化。

有一天，儿子诚恳地对子君说："妈妈，如果一个建议你说了三次我都没有采纳，你其实不用再说第四遍了，可以吗？"

与此同时，手机问题出现了。大毛和妈妈虽然之前约定好周一到周五不使用手机，但一到周末，大毛对手机和电脑游戏就很着迷。渐渐地，手机问题成为他们母子之间的主要冲突来源。子君想尽办法阻止孩子使用手机，上班的时候满脑子都是大毛玩游戏玩得停不下来的画面，她甚至想用监控来监视路由器的使用时间。

终于，在大毛一次玩手机时间超过约定时间后，子君一把从他手上抢走手机，手机问题彻底爆发。他们之间发生了前所未有的激烈争吵，子君高声历数他这一年来的种种"罪状"，大毛也大声反驳，毫不示弱，最后甩下一句："你还是做亲子教育的，有你这样的吗？"

深感挫败的子君觉得不能再这样下去了，她了解到P.E.T.父母效能训练课程的国际督导史蒂夫老师在深圳开班的消息，第二天便毅然决然登上了飞往深圳的航班。自那以后，从初学P.E.T.到后来成长为P.E.T.讲师，子君花了近两年的时间深入学习和实践，也正是这两年，她和大毛的亲子关系发生了巨大变化。

我问子君，在跟儿子吵完架后，为什么不是继续管控孩子，而是决定开始学习亲子沟通？

子君说，因为她意识到，和孩子的关系变得恶劣，一定是教育方式出现了问题，或者有什么事情是她忽略的，才使得原本的管控方式变得无效，于是开始寻找其他方式。

孩子怎样才能接受来自父母的意见和观点，并且愿意执行呢？在深圳的工作坊中，子君学习到，在孩子有情绪时，父母对孩子的评判、说教、命令、威胁、指导等言语，都属于沟通中的"绊脚石"，甚至包括建议，都是不恰当的方式，很容易引起孩子的对抗。家长无形中堆砌起高高的墙壁，亲手阻隔了孩子们的接受通道，却疑惑孩子为什么不愿听取好的方法和建议。子君说，她找到了孩子学习没有内驱力的根源。

子君原来的做法是通过路由器来精确监控孩子的上网时间。随着对P.E.T.理论的深入学习和不断实践，她逐渐明白，所有来自外部的权威、监控、强迫都不会促使孩子自觉地学习，只有在充分受到重视、尊重，有较高自我价值认同的情况下，他才会有力量去完成并不轻松的学习任务。外在的权威和监控只会导致他失去自我管理的能力，也没有机会练习自律。子君和很多家长一样，不敢放手，也不相信孩子可以做到，于是这种不敢、不信，就在家庭日常中不断传递给了孩子。

对于应该如何打破这个固有模式，子君从课程中学习到"把自我能力还给孩子"的理念。而对于亲子之间该如何对话和倾听，子君也学习了一套系统性的沟通技巧。其实关键就在于，要慢慢建立起孩子的被认同感和自我价值感，让他有"真正被看见和理解"的感觉，最终才能发挥出自我效能。

子君说，这是一个漫长而浩大的工程，是在"治本"而不是"治标"。把时间花在补课上可以短时间内提高孩子的分数，却无法把孩子的内驱引擎发动起来。

从深圳回来后，子君开始调整教育模式。再看到大毛写作业期间多次起身喝水、上厕所或看电视时，子君选择了沉默，或者直接出去散步。和大毛说话时也尽量使用科学的沟通方式：不评价，不指责，不讲道理，就事论事。

子君分享到，改善亲子关系，说到底就是学着去接受孩子本来的样子，而不是高高在上地审视、评判、修正，传递"你不够好"的观念，唯有这样，孩子才有空间去意识到自己需要改进的地方，而不是把精力花在本能的自我保护以及对外界的戒备和对抗上。

一段时间后，大毛发现了子君的变化，对子君说："妈妈，这段时间你好像不怎么说我了，谢谢你。"母子之间的关系逐渐恢复了和谐平静。其实在这整整一年的时间里，大毛的成绩并没有太大起色。只是子君已经不再焦虑，她下定决心要把学习的任务还给孩子。

2. 不干涉，不越界

回到手机问题上，对于周末使用手机、打游戏的时间，子君也交由孩子自己决定，不再干涉。在双方心平气和的时候，子君也会适时表达对大毛成绩的期许。到了初三，大毛的成绩慢慢有了起色，最后一个学期的模拟考，他在全年级一千多人中考到了一百多名。中考时，大毛最终也考入了理想中的高中：云南师大附中。

有的朋友听了子君这段经历后说，那是因为你的孩子聪明；有的说，那是因为他小学的基础好；有的说，那是因为他就读了一所好初中。子君摇摇头说："只有大毛、大毛的老师和我们家长知道，其中经历了什么和身在其中的滋味。"

很多家长也会疑惑地问子君，难道放任不管，孩子的成绩就能自己提高吗？子君认为，情绪上接纳他，尊重他当下的状态，心平气和、适时地给出建议和期许，看似"不作为"，却是最好的"管"。沟通是一个系统，每个家庭的系统都有固定模式，如果不对系统作调整，只单纯沟通学习这件事，孩子很难遵从大人的要求，除非采取强制手段，但强制手段代价巨大，且未必有效果。

子君说，她一直都希望大毛的学习习惯能有所调整，比如课后及时复习、定时归纳总结学习方法、提高学习效率等。但即便大毛还没有改变，她也欣然接受，调整与否的主动权在大毛手上。她说，我们必须承认，有些东西，是家长不能掌控的。

大毛中考完的那个暑假，恰逢子君完成了P.E.T.讲师的认证,她开办了自己的工作坊,并邀请儿子来当助教。在某个环节,大毛需要扮演孩子的角色,并向搭档分享自己曾遭受过权威控制的经历和感受。大毛笑着问子君:"妈,我能说你抢我手机的事情吗?"那一刻,子君的心里也笑开了花。她很开心,经过两年的时间,她和孩子之间可以畅所欲言地谈论事情,没有障碍地表达彼此的感受,在出现不一致的看法时,也很欣慰能听到大毛说,"我们可以各自保留意见"。

我问子君,现在回过头来看,在解决手机问题这件事情上,是什么起到了关键性作用。

子君说,是她和孩子之间的互相尊重、信任、协商。哪怕有些他们共同建立的规则,大毛不能完全遵守,子君也接受,因为孩子自己才是他生命的主体。

3. 相对约束,绝对自由

在我采访子君时,大毛已经完成高中学业,进入了上海理工大学。我通过子君转达想采访他的念头,希望从他的角度,听他说说当时的感受。我很高兴,大毛同意了我的采访。

我问大毛的第一个问题是:"多年前就听说你和妈妈之间关于手机的事情,我想了解当年妈妈抢你手机时,你是什么感受?你当时的想法是什么?"

大毛说:"是愤怒和无力吧,当时没有足够的力量去抗争。其实我那时的想法很简单,就是希望能自由地支配手机,可以随心所欲地上网。毫不夸张地说,我今天的理想、知识、技能、认知、价值观都启蒙于那时对手机的接触。"

我又接着问,在成长过程里,对妈妈最感激的一件事情是什么。大毛告诉我,在他第一次质疑学校并起身反抗时,妈妈告诉他,他是对的,并协助了他的抗争。这给了他巨大的能量,一直支撑着他坚持去做自己相信的事。在他做的事得不到大多数人的理解时,也是妈妈支持着他。他说,妈妈是他一生中最感谢的人,他将来做成的一切事都有妈妈的功劳。

当我问"手机"对他来说意味着什么时,大毛说,那是一扇帮助他了解世界的窗口,也是当下孩子重要的成长环境之一。手机让他接触到很多文化艺术和娱乐活动,包括小说、动画、游戏,见识了不同行业的前辈、网络博主,能够通过见证他人的人生，进而去选择自己想要的人生。

他说，很多小时候觉得"幼稚、可笑"的事，长大了才发现"那样的人竟然真的存在过"。每个人都有时代局限性，如果断绝孩子对手机的自由接触，会让孩子陷在这种局限性中，不利于他们在当下时代发展，尤其在这样一个剧烈变革的时代。

我邀请大毛说几句话分享给当下的青少年，特别是在手机问题上与父母有分歧的青少年。大毛说："多上网，多看新闻，多了解新鲜事物并尽量动手实践。相信自己，时代属于你们，为自己的每一个选择负起责任，然后坚定地去做你们相信的事。"

最后，我又问他，有什么可以分享给正在为孩子的手机问题而焦虑的父母的吗？大毛说："可以尝试通过其他方式与孩子沟通，但不要阻止孩子自由接触手机。游戏方面可以尽量监督孩子用自己的身份证注册账号，现在的大多数游戏都有非常完备（甚至有些严苛）的防沉迷系统。如今的时代，必须让孩子有独立的信息收集能力，给孩子足够的自由发展空间。因为你们无法预测孩子将生活在一个怎样的社会中。"

4. 不是我，还能是谁

每个人都在跟自己的习性斗争，只有少数人能意识到这场"战争"，而不至于被席卷、被控制。大多数人被"习惯"牵着走，其实他们不是无力反抗，而是完全没有察觉。

很多父母向我咨询各类亲子问题，当我建议父母们学习一些新的沟通方式来改善亲子关系时，大部分父母会表示没有时间。我想，他们并没有那么想从改变自己入手。

在我看来，子君最终能成功解决她和大毛之间的手机问题，最关键的是，当子君意识到旧有的相处模式已经让亲子关系变得紧张，甚至出现问题时，她没有等到极度痛苦才寻求解决，而是及时地选择了自我调整，选择了学习和改变。更难得的是，她坚定地实践所学到的方法，在与孩子相处的过程中，当旧有习性、原有处事模式浮现时，她能按捺住自己，主动选择新的沟通方式。所以，她走的是少有人走的路，也是真正有用的路——用实际行动调整自己，寻求方法改善亲子关系，手机问题便不再是问题。

其实大部分手机问题，归根结底都是关系问题。如果只聚焦在手机上，通常只能治标不治本，甚至连"标"也无法治。只有先调整好亲子关系，再学习科学的处理冲突的方法，调整自己对孩子使用手机的心态，才能事半功倍，最终解决问题。

在生命的长河里，在我们跟自己的习性斗争的过程中，很多人都活成了受害者，下意识觉得都是他人的错，期待别人改变，不愿从自己身上下功夫。然而真正自我负责的人，真正勇敢的人，从不活在期待和受害里，他们深刻地明白——我需要的应由我去创造，不是我，还能是谁？我就是我一直在等待的那个人。[1]

---

1. 本节内容，除采访部分外，均来自子君发布在公众号的自述，经子君同意后采用。

思考

我们总是容易被问题带着走,往往只顾着解决问题而忽略了关系才是重点。如果你也想从改变关系入手,想想看,有哪些途径可以帮到你。比如看书,学习某一门课程,找专业人士咨询,或是向某个有过相同经历的人请教。对你来说,你愿意且可以付诸实践的途径是什么?不妨列出来,并制定一个行动计划。

第三节

好状态是好关系的副产品

使孩子品行好的最好方法，就是使他们愉快。

——王尔德

1. 满足需求是王道

潘王子今年13岁，在我采访妈妈镜心时，他会时不时从房间里出来，笑眯眯地挨着妈妈坐，想加入我们的对话。

镜心是广西一所高职院校的老师，丈夫也是上班一族，家庭构成比较简单，一直以来就是三口人。因为丈夫工作比较忙，更多的时候是镜心在陪伴孩子。

潘王子四年级时，与朋友结伴出门游玩。出发前，镜心的丈夫把手机给了潘王子，从那之后，潘王子开始接触手机，只不过周末才被允许使用，而且手机的密码只有镜心夫妇才知道，直到现在也还是这样。

从潘王子小学四年级到初一，关于手机问题的冲突其实只有两次。一次是在六年级的时候，因为"双减"的影响，回到家基本上没有什么作业，那段时间潘王子偷偷地长时间使用手机。镜心夫妇发现之后，采用了"人机分离"的政策，规定时间一到潘王子就把手机交到父母这里保管。

另外一次发生在六年级暑假，回老家的路上，潘王子连续玩了两个小时的手机，到宾馆后还在继续，镜心制止了三次潘王子也没有停下来，一气之下便直接把手机夺过来摔在地上。回到家之后，镜心与潘王子约定：放假期间，包括周末，每天有一小时的手机使用时间；周一到周五是每天五分钟，用来浏览信息。直到现在，潘王子都在遵守着这样的使用约定。

听到这里，我不禁感叹道："你们家的手机情况还是比较可控的啊，基本上没有冲突啊！"镜心笑笑说："是啊！"

镜心觉得，潘王子可以这么遵守手机的使用约定，跟一件事有很大关系。在摔手机事件后，另一个学习很优秀的男同学经常来找潘王子玩，镜心提议让他俩一起学习，为即将到来的小升初做准备，两个男孩都答应了。

于是，两个人每天早上八点半开始学习，中午十二点左右学完后，玩大概半个小时的手机游戏。下午一起去运动锻炼，晚上七点半到九点又回镜心家一起学习。每个时间段的安排非常清晰，两个人一起，学得开心，玩得也开心。

镜心发现，自从有了这个小伙伴后，潘王子对学习的热情突然被激发了，认知也跟以前不一样了，不管是对学习还是其他事情，都变得比较有自主意识，甚至主动提出开学后每天只用一分钟看下手机消息就行。跟镜心聊到这里时，潘王子又笑着来加入我们，聊了几句之后又回去写作业了。

我曾和镜心探讨过，为何有个一起学习玩耍的小伙伴能代替玩手机，我觉得，是因为这个小伙伴满足了潘王子陪伴、玩耍、交朋友的需求。镜心认为，两个孩子一起在现实世界里多参与一些活动，有了伙伴的陪伴，可以一起玩耍，自然就不会因为无聊而想玩手机。在他们一起学习的过程中，潘王子还收获了背诗词的方法，之前一个晚上都记不住的诗词，现在五分钟就能背下来了，这也满足了他内心的成就感。

之前，在摔手机事件里，潘王子崩溃大哭着说，他的朋友都在手机里面,这让镜心意识到,手机对孩子来说不单单是能玩游戏,同时也是跟同学朋友联系的重要途径。毕竟,青少年时期是对社交非常渴望和重视的一个阶段。

有的孩子对手机如痴如醉,是因为他在现实生活中不快乐,无法使他体内分泌足够的多巴胺,所以急需用手机来得到,哪怕是这种不健康的快乐和刺激。我常常跟咨询手机问题的父母们分享,不要简单粗暴地禁止孩子玩手机,而是要去观察和分析孩子为什么玩手机,手机满足了他什么样的需求,然后去发展可以满足孩子这些需求的其他方式。镜心为潘王子找到学习伙伴,正好满足了他内心的种种需求,所以在暑假大大减少了玩手机的频率。

我们聊到这里的时候,潘王子第三次跑出来,提醒妈妈说,"你不要忘了我还用手机听课了"。镜心笑着说:"对对,我还在网上给他买了一些课程,都是他喜欢听的。手机对现在的孩子来说,一方面是交朋友,另一方面是了解一些资讯,还有就是娱乐玩耍,我觉得手机其实满足了他们好多需求啊。"我笑着说:"可不是,人类所有的行为都是为了满足不同的需求，需求就是王道啊！"

2. 放松的关系带来联结和稳定

当我问镜心，你和潘王子从小到大的关系怎么样时，镜心说："我们关系基本上很好，偶尔也会吵，但是总体来看还是挺好的，有时候他叫我大姐，我就会回他一句大哥。"

镜心在说这些的时候，眼角眉梢都透露着笑意。镜心坦陈，这份融洽的亲子关系得益于她学习了亲子沟通方法，并把所学运用在跟孩子的日常沟通里。

潘王子在一、二年级时，是一个没有什么主见的孩子。镜心学了亲子沟通课程后，便开始在很多事情上学着放手，选择信任孩子。镜心跟我讲起，潘王子在三年级时，很想自己坐公交车去上学，坐公交车有四站，中间还需要横穿一次马路。镜心试着收起自己的担忧，支持孩子的想法，她让带着电话手表的潘王子独自体验坐公交车上学。镜心本想开车尾随，但得知公交车上还有其他同学时，就作罢了。从那之后，潘王子就可以自己上下学了。

还有一次，潘王子跟同学闹着玩，不小心把对方耳朵弄出血了，镜心赶到医院处理这件事，好在同学的伤并不严重。当战战兢兢的潘王子说出他的担心和害怕时，镜心不但没有责怪，还对潘王子说："你是不是很害怕，中午都没睡着觉吧？同学被送去医院做检查了，你肯定很担心。大家的关注点都在你同学那儿，其实你也是需要关心的，对吧？因为你不是故意的，你们两个人只是在闹着玩。"潘王子悬着的一颗心终于落地了，激动地抱着镜心说："妈妈，多亏你学习了P.E.T.！"

从镜心一点点的分享里，我更清晰地感觉到他们的亲子关系，既有亲密的时候，也会偶尔吵几句，说明在他们的关系里，有很多放松的部分，这一点相当难得。放松的关系会带来内在的联结和稳定，我想这也是潘王子愿意在手机这件事情上合作的原因。

采访到这里，我问镜心为什么要管理孩子使用手机的时间。镜心分享说，她自己对孩子接触手机并不排斥，甚至觉得在当今社会手机是一个很好的学习工具，只是潘王子的学习成绩不是特别好，而且她也比较担心潘王子会去看一些诱惑性很强的视频和游戏解说，使用手机时间过长，忘记了做其他的事情，没有办法控制自己。所以，当镜心来协助管理手机时，潘王子也理解这个做法。

我想起曾经在青少年课程里，听到过不少青少年坦言，自己确实会控制不住想玩手机，心里也希望父母帮忙管理，但父母责备的态度却让他们不由得想逆反。

我接着问镜心，什么时候才愿意放手让他自己去学习，拥有跟手机相处的自主权，有想过这件事吗？

镜心表示，在潘王子对手机还没有全面或者理性的认知之前，她会陪伴他度过青少年时期，等孩子上大学了她就不管了，也管不了。谈到镜心的丈夫，镜心说："在手机这个问题上我们还是蛮有共识的，超过时间就是不给用，有时我还比他宽松一些。"

在我采访过的手机案例里，镜心夫妇是第一对对孩子的手机使用观点比较一致的夫妻。

3. 爱是陪伴与沟通

在采访镜心的过程中，某些时刻我会想起我的母亲。

上小学时，妈妈会在早上煮一碗鸡蛋粥，先把鸡蛋打进滚烫的粥里，搅拌均匀后，再滴几滴酱油和一点猪油，非常美味。记忆里，妈妈的生活重心就是孩子，几乎没有什么社交，大部分时间都待在家里，陪伴着我们兄弟姐妹。那种陪伴并非牺牲，也不是故意，就是自然而然的，养育于妈妈而言，就是照顾好我们的一日三餐，给我们很多很多的陪伴。我记得小时候我回到家的第一句话，常常是"妈妈呢？妈妈在哪儿？"，一看到妈妈，好像心就安了。

镜心跟我分享，她会花很多的时间来陪伴潘王子。她认为，作为父母，孩子成长中的一些关键时刻绝对不能错过，有时父母可以放弃一些自己的需求，来满足一下孩子的需求。在家时，她会尽量陪潘王子下棋、打牌等；如果遇到潘王子在学校有表演，虽然时间不长，但镜心还是会抽时间去看。

疫情期间，因为居家隔离，每天除了上网课，潘王子还会跳绳，潘王子跳100个，镜心就陪着跳100个。除此之外，他们把家里能玩的都拿出来，有时晚上一家人玩斗地主。

斗地主时，潘王子因为怕输不敢当地主，镜心会不断鼓励潘王子，并和丈夫暗中让牌，孩子慢慢开始有信心了，之后就敢在牌好的时候当地主了。但镜心偶尔也会故意让他输，让他认识到游戏中不只有赢，不要惧怕输掉一场，输赢都很正常。人生也是如此，时有输赢，要学会正确看待挫折、失败、成功、荣誉……这些家庭活动，也让潘王子有所收获和突破。

从镜心的这些分享里，我感到陪伴是很自然的，给人一种事情本就该如此的感觉。她就像一位从前的妈妈，会给孩子很多的时间，而现在的大部分妈妈，时间总是不够用，四分五裂地忙着各种事务，常常筋疲力尽，陪伴孩子变得困难。

在采访快结束时，潘王子也写完作业参与到我们当中来，我问他："你最喜欢妈妈什么地方？"潘王子很认真地回答我："是妈妈跟我沟通的方式，因为我本身就不擅长沟通，如果妈妈也不能采取合适的沟通方式，那我们可能会经常吵架。"

我接着问："目前家里对于使用手机的规定，你心里是完全接受的吗？"他说："我完全接受，学校对我们用手机要求更严,我妈已经放宽条件。我现在在初中重点班,老师教得特别好,我的成绩也在慢慢上升,我觉得挺满意的。"

最后我问他:"如果最高是十分的话,你会给你和妈妈的关系打几分呢?"潘王子笑着说:"八分,丢掉的那两分是跟作业有关的。"

我对镜心的采访,是所有案例里最轻松快乐的。整个过程中,镜心的脸上都洋溢着笑意,不时参与进来的潘王子也很愉快。镜心说,虽然潘王子现在的成绩不是特别好,但他一直保持着学习的热情,新知识学得很辛苦,但是他从来没有说过放弃。

我想,这种好状态其实是好关系的副产品。回头看,不管是应对孩子的手机问题,还是日常的相处,都能发现镜心对孩子的用心。她主动了解孩子的需求,从需求入手去解决手机冲突;她与时俱进地学习亲子沟通课程,并实践在与孩子的沟通中;她选择信任孩子,支持孩子去做自己想做的事情;她观察孩子的性格,在暗中助力,增强孩子的自信心;她舍弃自己的一些需求,留给孩子很多陪伴。

思考

你和孩子的关系如何?如果最高是十分,你会给你们的亲子关系打几分?还有哪些方面可以改进?

第二章

更新认知：
手机可怕吗

第一节

不要温顺地走进那个良宵

只有幸福才是我应有的心境,因为上天只可能给我幸福。我还需要做什么才会知道自己拥有这一切?我必须亲自接受救赎,仅此而已。

1. 失控

化石写给自己的第100封信里,谈到了失控。她写道:

上周母亲生日,短短一天时间,我情绪失控两次,每次都像噩梦一样惊醒了我。我无法强迫哥哥对着镜头向母亲说生日快乐,我也无法告诉母亲,希望她放下内心的评判和不满,和孩子好好说话。我希望一切都在可控范围内,当事情失控时,我的情绪也会

> 随之崩溃。我放声大哭,用悲伤遮掩恐惧,用泪水淹没难过。孩子们被我的失控吓到了,哥哥陪我大哭,情绪完全被我卷入,弟弟静静坐在旁边,用小手在我的后背来回抚摸。我感受大哭时声带的震颤,感受那份淋漓尽致的悲伤……

这一次的情绪崩溃是因为母亲,而当时化石不知道的是,在之后的日子里,她跟儿子会在手机问题上,迎来更多的冲突和情绪崩溃。

化石是海口的一名高职老师,丈夫椰哥需要经常外出到三亚工作,一家四口。平日里,他们用"哥哥"和"弟弟"来称呼两个孩子,哥哥今年11岁,弟弟6岁。

不知道是弟弟本身就好沟通,还是因为生下弟弟不久后化石就开始学习成长,他们之间没什么冲突。而哥哥,在化石眼里,是一个不听话、没爱心、脾气大、让人无法掌控的孩子。在哥哥11岁前,冲突是化石和他逃不开的主题。电子产品的问题,从一开始的初露端倪,到后来成为他们之间最大的冲突。

哥哥的电子产品初体验是在6岁。那时化石刚生下弟弟,回到椰哥的老家坐月子。为了安抚没有人陪伴的哥哥,化石给了他一部手机,但只允许他听故事。从此哥哥开始接触手机,并学会在手机上玩游戏。那段时间,他早上五点钟就起来,不是玩游戏就是看电视,完全没有节制。

这种失控状态随着一家四口离开老家就暂时结束了。回家之后,哥哥提出在家看电视的需求,经过商量,化石同意哥哥用积攒的零花钱来看电视,收费标准是每半小时5元钱,没多久,哥哥的零花钱就支撑不住了,于是他开始跑到其他小朋友家看电视。

二年级时,因为疫情不方便再去别人家,于是哥哥再次要求在家看电视,同时,他开始时不时玩爸爸的手机。化石对于电子产品的焦虑,以及跟孩子长达三年的手机冲突由此拉开序幕。

椰哥对于孩子接触电子产品是很接纳的,但他一方面担心化石会不开心,另一方面化石不断提醒他去拿回手机,导致没法安心工作,对此他觉得很烦躁。于是,夫妻俩决定坐下来跟孩子好好商量如何解决。最终达成的解决方法是,哥哥不再玩爸爸手机,兄弟俩每天都可以看一集自己喜欢的动画片。弟弟喜欢看《超级飞侠》和《汪汪队》(大概10分钟);哥哥喜欢看《斗罗大陆》和《奥特曼》(大概30分钟)。

2. 伤害

本以为手机的问题就这样解决了,但因为疫情,孩子需要在家上网课,化石无意间发现哥哥在听课时,把课程置顶到手机上端,却在下面刷小视频、看游戏主播。

这对化石来说如同晴天霹雳,错愕和愤怒席卷了她。化石直接摔了手机,趴在桌上大哭,她觉得自己很无能,连一个手机问题都处理不好,非常自责。哥哥过来想抱化石,化石大声说:"不要过来,让我安静安静!"或许是因为被吓到了,哥哥跑开了。

事后,化石权衡之下决定停掉孩子的网课。心想这样孩子就没有机会玩手机了。听到这里,我有些惊讶,我问化石,停掉网课,不担心孩子的学习吗?化石说,哥哥之前写作业不需要辅导,成绩也挺好,所以她对哥哥的学习并不是很担心,她认为只要哥哥想学,就能跟上。

我又问,不用上网课,又不能出门,那孩子在家做些什么呢?化石告诉我,那段时间,只要没课,她就会陪两个孩子玩各种游戏,比如躲猫猫、三个字、蒙脸抓人、折手工、下棋等,其他时间,哥哥用音响听故事。

但好景不长。一方面,弟弟觉得不公平,因为哥哥看电视的时间明显比他长;另一方面,哥哥大量时间都在用音响听故事,会吵到大家。化石夫妇也觉得不妥,所以决定,两兄弟都不看电视了,并且晚上八点半后哥哥也不能听故事了。娱乐时间的减少换来的是每天晚上两个孩子的打闹,这让化石和椰哥重新陷入苦恼。

于是,一家人坐下来,商量如何解决兄弟俩打闹的问题。哥哥提出,他不单要听故事,还想每天打半小时游戏,他想要一部手机,由他自己来管理。经过一番商讨,最后大家达成一致：为了不影响其他人休息，哥哥每天在自己房间玩半小时手机，除午休外其他时间可以听故事，晚上八点半之后陪弟弟玩，九点半大家都上床睡觉。

从这以后，哥哥真的不跟弟弟打闹了，家里暂时恢复了平静。每次哥哥玩手机游戏时，化石就带着弟弟到楼下玩。但不到一个月，新的问题又出现了：哥哥有时会玩超时，还会在家人睡着后偷偷玩游戏。

这次，化石跟椰哥商量，决定不再给孩子手机，打算找个机会收回管理权。还没等到开口，哥哥就自己提出来，说他觉得自己控制不住，总想玩手机，需要爸爸帮他买个带线的锁，把手机锁在家里吧台的柱子上，要用的时候爸爸给他解开，半小时后再锁起来。

这样的状态持续了一段时间。有一天，全家准备外出，哥哥想拿手机，化石没同意，回来后发现锁头被撬。化石十分生气，觉得哥哥要为此负责，决定将手机锁在吧台上不再拿下来，只能用来听故事。结果，哥哥经常在吧台边上站很久，站累了就蹲在凳子上玩手机，借口说换故事。看到这样的情景，化石只能收回管理权，并修改了手机密码。一切又回到了从前，哥哥除了听故事，拿着音响在家乱晃，严重影响一家人休息，还变着法子去惹弟弟，甚至干脆去小朋友家看电视，饭都不回家吃了。

三个人又一次坐下来讨论这件事，这次达成的解决方法是：一周可以使用两个小时，时间由哥哥自由分配并自己记录，晚上九点睡觉前可以自己听故事。没过多久，化石发现哥哥经常一次性就用完两个小时，不是打游戏就是刷抖音，化石觉得这样对眼睛不好，哥哥提出调整为每周四次，每次半个小时。但是只要节假日回老家或者环境一变，哥哥就会不遵守约定，手机使用情况依然是失控的。化石在信里提到了这个事件。

> 化石写给自己的第356封信：
> 今天我想谈谈伤害。一直以来，我固执地认为电子产品会对孩子的大脑造成不可逆的影响，因此，

每当孩子玩游戏或看电视时,我都异常地不安和焦虑,我能意识到自己的执念,却很难放下。

今天,哥哥拿手机时说好只玩30分钟,可40分钟过去了,他玩得还是很投入,我开始焦虑不安。时间一点点流逝,他却仍没有要停下来的意思,出于对电子产品的恐惧,我崩溃了,趴在桌上大哭,他抱着哄我,哭着说:"妈妈,我以后再也不玩了!"我怒吼道:"做不到就不要说出来!"他哭着说:"我能做到!"

我意识到自己把问题推到了死角,好好的面质[1]机会就这样被我搅黄了,最好的沟通机会也被我无情地割断了,这样逼他放弃需求(玩游戏),结果只会像他之前说过的,有朝一日,他总会让自己玩个够!是的,每个人都会拼尽全力去满足自己需求,一

---

1. 指当父母不接纳孩子的某个行为时,不去评判对方的行为,而是表达自己的感受和对方的行为对自己的影响。

> 味打压就会扭曲人性,造成无度与沉迷。
>
> 　　意识到这些,我面质道:"每当你超过我们约定的时间时,我会心神不安,非常抓狂,什么事情都做不了!"他大声说:"妈妈,我也不想超时的,你知道吗,你的大哭对我而言是一种变相的伤害!"听了他的话,我很惭愧。我以为,只要不打、不骂就不会伤害到他,哪知道这种歇斯底里的大哭,对他而言也是一种伤害,而且,这种伤害并不亚于打骂。父母对孩子的伤害无处不在,而孩子却能一次次原谅,给予我们改正的机会,减少一次伤害,就能让孩子的童年多一份美好。

　　大概在2022年的国庆假期后不久,因为化石冤枉哥哥玩游戏超时,情绪又一次崩溃,先是摔手机,接着又把桌子上的垃圾盒也敲烂了,还不够解气,又敲碎了一个杯子,敲完就崩溃了。

化石写给自己的第 358 封信：

今天我想谈谈宣泄。短短不到半个月时间，我竟然情绪崩溃了三次，自从不再打骂孩子后，大哭成了我唯一的宣泄方式。

第一次，是我不情愿但又不得不陪伴孩子时。那些委屈、不满和愤恨，全都倾泻在了弟弟身上。我边哭边想，既然选择陪孩子，就应该快快乐乐、心甘情愿，而不是委曲求全、抱怨连连，为什么道理都明白，实际却做不到。我开始试着让自己转念，当情绪逐渐平缓后，就抓紧时间尽情陪孩子们玩。

第二次，是哥哥超过了电子产品的使用时间。我鼓动自己终止他的使用权，同时又觉得一味禁止无法从根本上解决问题，就像埃尔德里奇·克里佛所说："你不能解决问题，你就会成为问题！"我逐渐看到自己对电子产品的恐惧和害怕，同时开始质疑自己的想法。电子产品已经是当下社会生活中不可或缺的部分，与电子产品对抗，就是和事实对抗，必输无疑。

　　第三次，是哥哥质问我凭什么给弟弟买东西时。其实我只需要静静地倾听就可以了，可我偏偏在倾听完后又开始说教，最终导致自己崩溃。我知道这种崩溃源于深层次的控制欲，从小在父母控制下长大的我，几乎完全失去自己，那种被控制的感觉被哥哥三言两语就激活了。

　　三次情绪崩溃让我明白，亲子关系中首先存在问题的绝不是孩子，必定是父母；首先情绪崩溃的也不是孩子，而是我自己！就像哥哥所说，面对面的大哭也是一种变相伤害。宣泄无法解决问题，真的有效的一定是正确的沟通与表达！

3. 接纳

国庆后，因为担心哥哥的近视加重，化石和哥哥商量将用眼时间控制一下。至此之后，哥哥每周二、四、六、日使用手机，每次20分钟，一直保持到现在。

手机风暴在化石家暂时告一段落。化石告诉我，那次崩溃之后，她彻底意识到，在手机问题上她有很多情绪问题，而这些情绪问题其实不单单显露在手机上，还潜藏在她日常生活的角角落落里。她开始全面客观地去看待问题，不再视手机为眼中钉，从此，她的心态发生很大转变。

化石告诉我，以前孩子一玩游戏她就会莫名其妙地焦虑，无法跟孩子待在一起，要么走开，要么发生冲突。现在就算孩子在她身边玩游戏，化石也可以安静地做自己的事情，心里再也没有焦虑害怕那些翻江倒海的情绪了。

听完整个过程，我很感慨地跟化石说："我觉得你们家哥哥，其实还蛮像个天使宝宝的，一次一次地配合你们做出调整。虽然他有玩游戏、听故事这些对他很重要的需求，但还是一直在配合你们,一次一次去接纳你的需要,顾及你的感受。"

化石说:"我也看到了,在整个过程中,他很努力地在调整自己。当他主动提出自己确实管理不好,需要我们帮忙把手机锁起来时,我挺感动的,他经常会感动到我。"

采访快结束时,我向化石提出了一开始就想问的问题:为什么会有一个给自己写信的习惯?

化石说:"上完P.E.T.课程后,我发现它是非常好的沟通工具,我不是不会表达,而是没有管理自己情绪的能力。我想,每种情绪背后一定隐藏着一些我没意识到的、卡住我的地方。所以我想用写信的形式,了解自己到底怎么了,在那些情绪背后又是什么绊住了我,同时也想用这个方式来帮助自己成长。这些卡住我的地方就像毒刺一样,刺得我身边的人胆战心惊,对我望而生畏,我要把这些带着问题的毒刺一根根拔出来。"

是的,这就是化石自我救赎的方式,通过给自己写信,来探索自己情绪背后的问题。从2020年开始到现在,她一共写了425封信。

我问化石:"这400多封信对你来说最大的帮助是什么呢?"

化石回答:"最大的帮助就是能够看清情绪背后的问题。通过这一封封信的书写和探索,我不断在和自己对话,也渐渐认识到,情绪问题,其实是我自己的问题。我由对外攻击慢慢转向对内反省。以前我是一个超级怨妇,出现问题会把责任都推给别人,后来经过不断反省才发现,其实所有的问题都是我自己的原因,和任何人都没有关系。我之前很坚硬、很锋利,现在变得有些柔软了。我现在基本上没有对手机的焦虑了,不像以前,孩子一拿起手机就开始不安。他玩手机游戏和玩其他游戏是一样的,比如躲猫猫,我觉得很正常,不会不开心。"

我问化石:"能不能这么认为,在处理你与孩子之间的冲突问题上,看起来是在处理手机问题,其实你内在一直是处理自己的情绪问题,包括你的焦虑、担忧、愤怒等。"

化石回答:"对,其实就是在处理这些情绪问题,情绪似乎是看不见的,但它都潜藏在我的身体里,会以各种形式显现出来,手机问题只显露了其中一部分的我,所有的冲突都是因为我无法控制情绪。这期间,孩子受了很多委屈,在我还没有办法和自己和解时，我把很多伤害给了身边最亲的人。孩子真的是我生活中的导师，他让我在手机问题中，一点点看到自己的问题，并且做出调整。当所有情绪交错在一起的时候，我没有办法平和地说出我想要的，而把情绪问题一点点解决后，我开始能自然地去做一些表达了。"

结束对化石的采访后，我又单独采访了椰哥。椰哥一开口就给我一种很爽朗的感觉，几句寒暄后，我问椰哥："化石觉得一直以来，你给了她很多包容和接纳，你能说说，在情绪方面，你觉得她是怎么样的一个人吗？"

椰哥说："我很感谢也很支持她去学习这一门功课。她学过P.E.T.后，情绪调整得很快。现在的我们，有希望过一个很愉悦的老年生活。以前我是被动地接受她，我不明白为什么相处中会有这么多不愉悦。在她的影响下，我看了你的书，还看了P.E.T.父母效能训练相关的书，而且慢慢地将学到的方法融入生活中，对于我不能接纳的，我学会了去包容。以前我经常选择逃避，她有情绪时我会默默走开。现在我会包容她的一些情绪的释放，比如抱抱她，有时候我也会跟孩子说，这是妈妈需要帮助的时候,你们去抱抱妈妈,就好了。"

对于现在的化石,椰哥说:"她现在情绪稳定了很多,她很积极地去了解自己的原生家庭,了解那些情绪到底是怎么来的,剖析自己是很难的一件事情。她还帮我分析我的原生家庭,确实让我更深刻地认识我自己,我觉得她能看见自己,也能帮助我看见我自己。"

提到哥哥使用电子产品的问题,椰哥说,现在立了规则,孩子也好好遵守了,所以他没那么焦虑。他的顾虑是,如果孩子长大了,有了自己的手机并且脱离父母的掌控之后,他会不会沉迷到手机游戏中去。他问我,有什么更好的方法来帮助他缓解内心的焦灼。

我跟他分享,手机问题归根结底是关系问题,如果孩子的生命里一直有很好的亲子关系,其实不太会沉迷在手机里,他能做的就是跟孩子保持良好的父子关系。我也留意到化石虽然在孩子使用手机上有限制,但也一直在通过沟通去建立更好的亲子关系。

化石写给自己的第323封信：

今天我想谈谈接纳。每次和父母通电话后，我的小家就会鸡飞狗跳，孩子不配合接听电话会令我歇斯底里，父母提出的问题又令我百爪挠心。打电话就意味着龙卷风来袭，有段时间我因为实在无法承受情绪所带来的困扰，甚至发誓不再给家里打电话。可是血浓于水，斩不断，离不开，我在痛苦的深渊中寻找答案，最终找到了那个点燃我内心火苗的词——乖，不乖？

从小到大，我一直是父母心中的乖乖女，是让他们引以为豪的人，直到有一天，我的乖乖女面具被母亲歇斯底里的怒吼给活活撕破了："你怎么变得这么不可理喻，怎么不去死啊，你死了一切都好了！"我终于可以放下面具，活成我想要的样子。

我讨厌乖。乖，让我按照他们的期望行尸走肉般地生活着；乖，让我变成了连我自己都不喜欢的样子。我完全拒绝接纳他们养育孩子的价值观，抗拒的力量，让我欲罢不能，痛不欲生。

P.E.T.父母效能训练中，戈登博士用一条接纳线将整个行为窗口划分为两个区域，上半部分是可接纳的，下半部分是不可接纳的，包括了日常生活冲突和价值观冲突。在价值观冲突上，我的父母拥有最高权威，而我在摸爬滚打后发现，唯有自我调整才能解救自己。

我意识到，学习的目的就是为了让我们扩大可接纳部分，从而减少不可接纳的部分。当我能够看见父母，了解他们的认知，从内心真正接纳他们时，我的心豁然开朗，有一种醍醐灌顶的感觉！

接纳，不仅是行为的配合与接受，还要有心灵的容纳与联结，做到身与心的共同接纳，才是真正意义上的接纳，才是完完全全的接纳！感谢接纳，让我别有一片天地！

4. 溯源

采访过程中，化石数次坦诚表达她对电子产品的偏见。和孩子相处的过程中她看到自己的恐惧、反感、沮丧、愤怒、焦虑、不安、担心、烦躁、困惑、无助等复杂的感受，每一次情绪失控都是内心深处对电子产品抵触和排斥的呐喊。

化石告诉我，她来自农村，小时候没有接触过电脑，上大学后突然有计算机课程，一下子适应不了，大学一年级的电脑课都是重修的。我想，或许在那个时候她就对电子产品有了最初的排斥。

再后来，她进入婚姻。椰哥空闲时会经常使用电脑，他的成长过程是伴随着各种不同的电子产品的。椰哥做事情很随意，没有什么规划，而化石会提前规划。对于这部分，化石是有情绪的。也许，在不知不觉中，她把对椰哥的这部分情绪归罪于经常使用电脑，埋下了她对电子产品的反感的种子。

采访结束后，有天化石在微信里给我留言，再次提到她对电子产品的排斥和恐惧，她说："我细想了一下，有个很深的根源。在生老二之前，我其实还怀过一个孩子，保胎那段时间因为老是见红,心情也很不好。家里只有我跟椰哥,其实我很需要他陪我说说话,但是他基本上每天都在电脑上忙工作,经常晚上十一点了还没忙完。大出血的那个晚上,我跟他说我想早点睡,让他把电脑关了。他说:'我用电脑应该跟你休息没有什么关系吧,房间那么多。'他那句话一下就刺激到我了,那时候我也不会表达,掌控不好自己的情绪,结果那天晚上心里憋了很多气,然后就大出血了,没过几日,胎儿就因发育不良流产了。"

化石在给自己的一封信里写道:"流产对我而言是重大的打击,那几天我几经崩溃,整日整夜无法合眼,勉强闭上眼睛,满脑子都是恐怖的画面。我不敢将这种刻骨的、钻心的痛归结于丈夫身上,就一股脑都归结于电子产品上。其实,我害怕的不是电子产品本身。我将椰哥对我造成的伤害转移到电子产品上,电子产品自然就成了我的眼中钉,而使用它的孩子,也就成了我针对的人,成为我发泄情绪的替罪羊。"

正如化石所说,情绪背后潜藏的是一些自己不知道的问题。那个流产的晚上,化石把电脑当成了一切的罪魁祸首,但在我看来，带给化石伤害最主要的原因，是化石不知道如何表达自己的需要和感受。

回看化石的原生家庭，在重男轻女的背景下，生下两个女儿后的化石妈妈常常处在愤怒和冷暴力的状态里。在这个家庭里，姐姐长成了一个有想法、敢说敢做、敢于跟妈妈抗争的人；而化石则成长为一个没有主见、不敢向家里提出任何要求的乖乖女，有着非常多的情绪压抑。

所以，对化石来说表达自己的需要和感受是非常困难的。要不就是不敢表达，要不就是一说出来只能得到指责。这种表达困难不仅发生在化石身上，也发生在很多人的身上。其实，没有人能伤害我们，是我们对事件的解释"伤害"了我们。

化石对电子产品的另一个恐惧，源于她认同了"电子产品会给大脑带来伤害"这个观点。先不说电子产品是否真的会带来伤害，这个世界的所有存在都是两面性的，试问又有哪件事情对大脑没有伤害呢？

化石写给自己的第292封信：

今天我想谈谈偏执。每当看到老公和孩子玩电子产品时，我都会莫名地不安，我内观自己对电子产品的排斥，发现了根植于心的那颗偏执的种子。我偏执地认为自己的想法是正确的，并且不遗余力地去捍卫。

当我将偏执外露时，让人感受到的是害怕、不安、攻击、恐惧……就像椰哥曾说过的，我就是家庭氛围的破坏者。我承认，我常常如此，并陷入自责的困境，我希望自己不再偏执。当我开始接纳自己，并将这种偏执用于自我成长时，它推动着我不断向前，不断成长，无论遇到任何困难，我都相信"相信"的力量！

这时我才理解，原来孔老夫子提倡中庸，不仅是合适的极致，同时也是一分为二的思维方式。就像李雪老师所说："偏执对外是强烈的攻击，对内是无限的能量。"如果任何事情我们都能用一分为二的思辨方式去分析，问题就会迎刃而解！

5. 重生

在采访化石的过程中，我留意到一开始自己会在某些片刻想去评判，比如听到她把孩子打到后背渗血，多次对着孩子情绪崩溃，一次次要求孩子做出调整。但完成整个采访后，我却被她深深打动，很想大哭一场，为生命的不易，为所有被情绪所苦的人。

有的人生命像是被赐福一般，平稳、幸福，而有的人则要面对人间不易，需要赤脚踩过每一丛荆棘，鲜血淋漓地向前！化石不完美，但她却像是穿着铠甲的战士一样，尽力不陷入原生家庭的拖曳，在命运的洪流中拼尽全力，逆流而上，用自救的方式，带着自己走出情绪的沼泽。

将近1000个日夜，425封信，她花了很多时间、精力去探索自己、反省自己，这是化石式的自救，是不断地跟自己和解的旅程，一趟英雄之旅。

化石写给自己的第326封信：

今天我想谈谈痛苦。自我学习、成长之后，我开始有意识地觉察并控制自己的情绪，再没有动手打过哥哥。但情绪需要流淌，我流淌的方式从打骂变成了摔东西和大哭。难以抑制的崩溃情绪，让我感受到了修炼的难度，我担心孩子们会因此受到惊吓，便告诉他们："哭是因为我内心的魔鬼跳了出来，和你们没有关系！"

每次大哭过后我都会复盘，反省到底发生了什么，为什么会有这样强烈的感受，下次我如何应对。我逐渐意识到，大哭不是情绪的崩溃，而是一次破茧重生！

就像泰戈尔所说：只有经历过地狱般的磨砺，才能练就创造天堂的力量，只有流过血的手指，才能弹出世间的绝响！

在养育孩子的道路上，我坚信只要父母进步一点点，孩子就会进步一大截。诚然，痛苦是钻心的，但

> 生命的极致就在于突破与改变,无论是凤凰涅槃还是破茧成蝶,本质都是重生。学习的目的并不是让我们变得全知全能,而是让我们能够从容地应对未知,等待重生!

采访结束,我想起英国诗人狄兰·托马斯写的诗歌《不要温顺地走进那个良宵》(海岸译),作者将这首诗写给病危的父亲,鼓励他奋起,与死亡和黑暗斗争。我也想借此诗献给所有在生命中遇到困难的人,勇敢起来,面对困难与挑战,面对自己,向死而生。

> 不要温顺地走进那个良宵,
> 老年在日暮之时应当燃烧与咆哮,
> 怒斥,怒斥光明的消亡。

临终时明智的人虽然懂得黑暗逍遥，
因为他们的话语已迸不出丝毫电光，
却不要温顺地走进那个良宵。

善良的人翻腾最后一浪，高呼着辉煌，
他们脆弱的善行曾在绿色港湾里跳荡，
怒斥，怒斥光明的消亡。

狂暴的人曾抓住并诵唱飞翔的太阳，
虽然为时太晚，却明了途中的哀伤，
不要温顺地走进那个良宵。

肃穆的人，临近死亡，透过炫目的视野，
失明的双眸可以像流星一样欢欣闪耀，
怒斥，怒斥光明的消亡。

> 而您,我的父亲,在这悲哀之巅,
>
> 此刻我求您,用热泪诅咒我,祝福我。
>
> 不要温顺地走进那个良宵。
>
> 怒斥,怒斥光明的消亡。

思考

联结自己的感受,在与孩子的手机问题里,你的主要情绪是什么。找个不被打扰的时间和空间,让自己放松下来,就像潜入水中一般,用心去感受和聆听,这种情绪携带的信息是什么?你可以用给自己写信的方式,把这个过程写下来。

第二节

我的焦虑我负责

谁的情绪由谁负责,这就是情绪的界限。很多时候我们不知道情绪的界限,才会无意识地把自己的情绪投射到他人身上,企图让别人为我们的情绪负责。

1. 不要投射焦虑

早在2011年,一个偶然的机会,何丹接触到P.E.T.父母效能训练课程。当时她和先生的关系正处在水深火热之中,也在理想中的好妈妈与现实中的做不到之间挣扎着。她说,P.E.T.就像一束光照进了她的生命,让她知道每个人都要为自己的情绪和困扰负起责任。

2020年,何丹参加了P.E.T.讲师班,我与何丹结识。讲师班刚开始时,何丹分享了P.E.T.对她和家庭的帮助,提到先生也支持她来学习,何丹还带着专业相机,经常给我们大家拍拍照片。但是,我留意到,她总是一副眉头深锁的样子。随着讲师班的进行，何丹开始跟大家敞开心扉，聊起她的困惑。原来她正在为孩子使用手机的问题而深深地焦虑。

何丹说，在孩子读幼儿园的时候，她就接触到了P.E.T.，所以孩子小学阶段，她觉得做妈妈很轻松，跟孩子关系也很亲密。何丹的儿子小米在班上的成绩属于中等偏上，小升初时也顺利考进了所在区最好的初中，全家非常开心，一切看起来都顺畅美好。

上了初中，小米一直是所在区的尖子生，在年级中也排名中等，但作为父母，何丹希望孩子还可以更上进一些。就在这个时候，手机问题出现了。小米一从学校回来就抱着手机玩，看到这样的情形，何丹陷入焦虑。

直接使用父母的权威让孩子放下手机的方法不管用，何丹就尝试P.E.T.课程里关于解决冲突的方法——第三法[1]，也不管用，又陷入监督、唠叨中。就这样在不同的方法里来来回

---

1. 区别于第一法（父母赢，孩子输）及第二法（孩子赢，父母输）的一种双赢法，即当亲子之间出现冲突时，父母和孩子一起找出双方都接受的解决问题的方法。

回，什么都试了，但依然没有解决孩子"过多"使用手机的问题。

何丹既焦虑又困惑，为什么连第三法都不管用呢，甚至开始质疑P.E.T.是否真的能帮助父母们解决问题。

2. 相信"相信"的力量

得知这个情况后，我在团体里跟大家说："如果身为讲师都无法解决这个问题，那么日后又该如何协助其他家长来面对和解决他们遇到的手机问题呢？所以，今天我们不管花多少时间都要把手机问题研究透，就以何丹家的情况为例，来看看手机问题的根源是什么，出路在哪里，我们要如何解决这一看似无解的问题。"

于是，那天整个团体花了将近半天的时间，一起深入地讨论、研究手机问题，包括手机问题的社会现象、产生的核心原因，以及问题带来的冲突类型等。

大部分冲突为以下两种：一种是需求冲突；一种是价值观冲突。

举个例子，孩子用手机时声音太大，影响到我休息了，也就是孩子的行为给我带来实质性的影响，这一类就是需求冲突。处理方法也很容易，与孩子进行公平的协商（进行第三法），让他到别的房间玩或是小声点，或者妈妈换个地方就可以了，方法多得很。

但如果孩子的行为并没有产生实质性的影响，只是家长心里觉得这样不行，那么就属于价值观冲突的问题，要用到另一种处理方式。很显然，何丹使用第三法没能解决问题，她和孩子之间是价值观的冲突。所以，我们一群人开始和何丹一起梳理，她背后的信念是什么，为何令她如此焦虑。

何丹的主要担忧有两个：一是玩游戏影响学习成绩；二是过度使用手机会导致近视。

我想，很多父母都有相同的焦虑，或许包括正在看书的你。我们说说第一个——玩游戏会影响成绩。这是真的吗？我当即举出一些例子来证明不一定是这样的。我自己的孩子很喜欢游戏，但并没有影响到她的成绩，女儿班上有一个学霸，同时也是个游戏霸，游戏打得特别溜。团体里的其他讲师也贡献了很多类似的案例，显然，玩游戏和学习成绩没有必然的联系。

有时候孩子突然迷上某个游戏，花在学习上的时间变少了，学习成绩暂时会受到影响，这种情况，只要孩子稍作调整就可以消除影响。但家长可能会坚持认为，根本没法轻易调整，玩游戏就是影响学习成绩。亲爱的家长们，不要再让手机和游戏背锅了，绝大多数调整不过来的都是因为亲子关系出现了问题，孩子才逃到手机的世界里，不想出来。这个时候，你不应该纠结手机问题，而应该面对和处理你与孩子之间的亲子关系。

再说到近视的问题，大家都误会玩手机会近视，手机再次成为背锅侠。其实不管是看手机，还是看书，都不一定是造成近视的主要原因。近视有的是因为遗传，有的则是因为长时间近距离用眼，缺乏户外活动，眼睛没有充分放松和远眺。所以，就算你不看手机、不看书，但一直在室内活动，也会容易近视。

那个下午，何丹通过与大家一起工作和梳理，忽然看到了自己是如何把焦虑投射到孩子的身上，并企图让孩子改变行为来消解自己的焦虑。

讲师班结束后回到家,何丹和小米展开了一次谈话。

何丹说道:"小米,妈妈这次去参加P.E.T.讲师班,收获很大,之前我担心你玩游戏会影响视力和学习,其实这并不一定有必然的联系。安心老师说一些学习成绩非常好的孩子,游戏也玩得特别好。并且,我了解到近视也不一定就是玩游戏引起的,有可能是遗传,而我和你爸的视力都还行,所以你的基础也不会差。另外一个原因就是缺乏户外运动,要常常远眺,不能太长时间盯着一个地方。我想和你说,你已经初二了,以后妈妈选择信任你,相信你能够管理好自己。每周在学校学习五天确实挺累的,有时需要好好放松一下。同时,我也希望你能有所节制,平衡好学习和游戏的时间。"

何丹说到做到,开始完全信任孩子,在手机问题上不再唠叨,由孩子自行决定手机的使用。

当我问何丹,在她选择相信孩子,不再干涉后,他有减少使用手机吗?

何丹回答并没有减少,和之前差不多。只是之前她不接受,所以很焦虑,接受之后也就相对坦然了。

没过多久,何丹在讲师班的群里跟同学分享了好消息,她说:"自从放下了对手机的执念,孩子开始有变化了。小米之前一直是年级中等水平,这次期中考试20个班近千人,小米进步了393名,是班上进步最大的人,被评为'进步之星',我很欣喜和意外。"

更让人振奋的消息是,初三时,小米又以二模全班第一名的成绩,被佛山一中提前录取了。在佛山英华学校的年级表彰海报里,小米的名字排在海报第一的位置,所有人都欢欣鼓舞。

案例整理到这里时,我邀请小米接受我的采访,正在上高一的小米答应了,我们通过视频进行了以下的对话。

> 我:小米,在妈妈对手机问题很焦虑的那段时间,你是怎样的状态?
>
> 小米:我能理解妈妈的担心,觉得很正常,但妈妈如果管我玩手机,我就会感觉烦躁,所以尽量躲起

来玩，不让妈妈发现。

我：后来妈妈转变态度，选择了相信你，你是什么感觉？

小米：我觉得挺好的，没有人来烦，也不用担心玩的时候被发现。

我：你觉得玩手机会影响学习成绩吗？如果不会，那么影响学习成绩的是什么？

小米：不知道你们为什么会有这个逻辑，影响学习成绩的是有没有学习，而不是玩没玩手机，或者是看小说影响了学习。如果一个人玩手机，同时也花时间在学习上，那他的成绩一样不会被影响。但如果他不玩手机，却也不学习，他的成绩自然不好。所以，玩手机会影响学习成绩这个逻辑是不成立的。

我：你觉得手机、网络对你来说，意味着什么？你现在使用手机的状态怎么样？

小米：手机对我来说，主要就是用来放松，获取一些信息和满足日常需要，比如跟朋友联系。我现在平日都没有手机，周末才有，更多的时候我会用来玩玩游戏，在我使用手机的时间里，大概50%的时间都在玩游戏。

我：如果可以分享给正在为孩子手机问题焦虑的爸爸妈妈，你想分享的是什么？

小米：我好像没法给出建议，家长不也玩手机吗。我觉得玩手机是中性的，做什么事情都不能片面地去看。玩手机会有影响，但要看正向和负向影响，如果利大于弊，那就接受。家长要引导我们该玩的时候玩、该学习就学习，而不能只要求孩子学习。除非是真的很沉迷，我说的沉迷是在学校也要玩手机、停不下来的情况。我们只有周末才可以玩手机，一看到肯定是扑过去的，这很正常，也不叫沉迷，不用孩子一玩手机家长就担心。

我：最后一个问题，在你跟妈妈的相处里，你最喜欢妈妈的一点是什么？

> 小米：我觉得妈妈学的东西还是有用的，很多时候她都会跟我平等协商。说实话，"管"这件事情还是要靠孩子自己，父母管得再多还是斗不过孩子，孩子会不顾一切跟你对抗。如果孩子只会顺从就会变得没有主见。

在整个案例采访、整理结束时，我问了何丹一个问题：放下焦虑，选择相信孩子，你觉得容易吗？你经历了什么样的挣扎？你是怎么做的？

何丹说，放下焦虑，选择相信孩子，就是一念之间，就是因为信念改变了。过程并不容易，刚开始还是会有心理挣扎，会想要控制，担心失控了怎么办。但在担心出现时，她也会适时发"我信息[1]"表达自己的担心。

---

1. 我信息，指当我们跟他人进行沟通时，我们描述的是客观的事实，表达的是自己当下的感受，陈述的是事情给自己带来的具体影响。

3. 我的恐惧，于我终结

我常说，世界上最远的距离是从脑到心，从"我知道"到"我做到"往往是非常难的。回头再看何丹与小米之间的手机问题，之所以能这样顺利解决，最重要的就是何丹能放掉自己的焦虑。

活在恐惧里，无意识地、惯性地抓住焦虑很容易，但要松开手放掉那份焦虑却是很难的。然而就像荷叶上的一粒露珠，在往下滑时颤巍巍，充满了恐惧，它以为跌落后会消失，却不知道它要去到更宽广的池塘。

我们不妨设想一下，如果何丹没有及时转身，收回她的焦虑，而是继续监控、唠叨，那么孩子就会开始疏离妈妈，同时也会持续被这件事情所困扰，产生大量烦躁、抵触情绪，特别是在青少年时期，很容易就会陷入一个对抗的状态。

根据生物学理论，当一个人产生情绪、感到不安时，大脑的血液会流向脑中的边缘系统。边缘系统是一个相对原始的脑，它掌管情绪、恐惧与记忆。因此，流向负责学习、逻辑思考的大脑新皮质的血液就会变少，人们便无法正常学习与思考。最终不是孩子使用手机影响了成绩，而是妈妈因手机问题而制造出来的焦虑影响了孩子的成绩。

除了影响成绩、导致近视，我知道在手机问题上，还有些父母的焦虑是孩子会接触到网络上的不良信息，诸如色情或暴力信息，甚至是被网络诈骗。

我想同样请你放下这些焦虑，在网络时代，我们无法完全杜绝这些信息，也不必在事情没有发生时，陷入大量的想象和恐惧里。作为父母，我们当然会尽可能让孩子避免接触这类信息，但我想告诉你，除非有些孩子本身存在情绪障碍或情感坑洞，容易借着这类信息逃避面对外在世界，其他大部分身心健康的青少年都不会被这样的信息所影响。

我有一位正在读大学的女儿，我可以很负责任地告诉各位，现在的青少年应对这种信息的能力超乎我们的想象，他们对这个世界的了解、接纳和他们的开放，远超过我们这些父母。

愿我们都能做有情绪界限的父母，更有智慧地面对孩子的手机问题，属于我的恐惧与焦虑，由我承担，于我终结。

思考

拿起纸和笔,不假思索地写下你所有的焦虑,写得越多越好。写完后,去思考这些焦虑,哪些是事实,哪些是想象。

> 第三节

父母应该被培训而不是被责备

治愈痛苦的灵药是觉悟,这是唯一的药方。

——阿迪亚香提

1. 厌学背后的心理

听说我在收集关于父母处理手机困扰的案例,孟杰主动联系我,问我是否需要一个失败的案例。我心想,我需要的是成功的案例,不是失败的案例。但转念又想,失败也是值得学习的,研究失败能够靠近成功,我决定采访孟杰。

当我联系到孟杰时,他回复说:"我正在经历一个非常复杂的时期,孩子已经一个多月没回学校了。这段时间我感觉就像从深渊里一点点往上爬。这一个多月,我们一家找了心理咨询师,找了专门针对这些问题的课程在学习。现在情况平稳了许多,孩子也有了不小的进步。"

原来，手机问题还没有解决，又出现了孩子不肯上学的情况，真是雪上加霜。

孟杰与太太有两个孩子，老大涛涛是个正在读初二的男孩，老二是个女孩，目前在读小学一年级，让孟杰感到自己身处深渊的就是老大涛涛。

小学时候的涛涛，是大家眼中"别人家的孩子"，学习成绩好，各方面也很优秀。所以对于涛涛先是出现手机问题，现在又不去上学，孟杰夫妇觉得反差太大，过于荒谬，一时之间无法理解和接受。

我们先说涛涛的手机问题。涛涛小学就迷上玩手机游戏，在父母的限制下，周末可以每天玩半个小时，但到了五、六年级，半个小时已经没有办法满足涛涛了，就增加到每天两个小时。

孟杰渐渐地发现，收回手机很困难，甚至会发生冲突，需要动手去夺。涛涛六年级的时候开始住校，考试成绩还挺好的，提前被一所中学的重点班录取了。孟杰心想，或许可以放开限制，尝试一下让孩子自己管理手机的使用时间，结果发现涛涛一天可以玩七八个小时。那个时候孟杰并不注意控制自己的情绪，会责骂孩子，有时态度很凶。

后来疫情期间，孟杰夫妇因为工作的关系经常不在家。涛涛在家上网课，家里只有奶奶和阿姨，没有人能管涛涛。又因为疫情，工作与生活让孟杰的情绪陷入焦虑和不稳定的状态，面对玩手机游戏的涛涛，最常使用的教育方式就是责备。

我想起来有次和武志红老师聊天，我们一起探讨为何这几年青少年的问题日益严重。武志红老师觉得，出于疫情的原因，父母们容易产生很多焦虑，这些情绪被带回到家庭中，孩子变成最后的承受者。他认为这是青少年问题的一个重要由来。当时我不以为然，现在看来，确实有这样的因素存在。

涛涛进入初一后，孟杰觉得自己所有的沟通方法都失效了，于是开始对外寻求一些帮助，上网寻找亲子沟通方法，在这过程中，他发现了P.E.T.这门课程。看完相关的书后，孟杰感觉好像找到了"救命"的方法，之后他又报名参加了三天的工作坊。刚刚学习结束的那几天，孟杰感觉心情特别平静，涛涛也觉察出爸爸有些变化。课上学到的新的沟通方式好像起了作用,涛涛开始愿意听孟杰的话,没有那么频繁地起冲突了,手机的使用时间也有所减少。

但好景不长,在尖子班的涛涛学习压力很大,回家一有时间就去找手机,不分时候,经常早上七点多起来就开始玩游戏,有时甚至会一直玩到凌晨两三点钟。面对这种情形,孟杰经常是情绪一上来就开始责骂涛涛。也就是在那个时候,孟杰觉得自己使用P.E.T.的沟通方式并不能解决孩子沉迷手机游戏的问题,觉得这是个失败案例。

采访进行到这里,孟杰说,现在回想起来,其实初一时涛涛已经有一些厌学的苗头了,每次回学校之前各种叹气。那时涛涛所在的重点班,所有的孩子都非常厉害,涛涛在这个班里,不但没有了以前"好学生"的那种成就感,甚至被老师批评拖后腿。

那段时间,班主任曾把孟杰叫到学校,说涛涛在学习上有点吃力,要孟杰盯紧孩子。孟杰一心想支持、配合老师,也就愈加督促涛涛学习。

初一下学期,涛涛提出不想上学,孟杰虽然隐约感到有点不对劲，但更多觉得可能是学习压力大而已。他没法接受孩子不上学，再加上身边有人说，孩子一天不去，以后功课跟不上就越来越难去学校。孟杰认同了这个观点，所以当涛涛提出想在家里待上半天或者一个晚上时，孟杰没有同意，而是用很强硬的态度把涛涛送回学校。

到了初二上学期，涛涛班上来了一个很年轻的男班主任，跟学生关系特别融洽，不给孩子们太大的压力，涛涛也很平稳地度过了那段时间。谁知，到了初二下学期，突然换了一个班主任，涛涛就开始以身体不舒服为由一个星期没回学校。再后来，因为流感很严重，仍然在家休息，从那时起，涛涛再也不愿意去学校，至今已经快两个月了。

刚开始时，如果孟杰责备涛涛，他就不理孟杰，把自己封闭起来，甚至会用特别凶狠的眼神看着孟杰，这让孟杰感觉很心寒。关于上学的事情，孟杰说，如果沟通就会产生很强烈的冲突，不沟通就得忍着，只有这两种状态。

2. 让兴趣只是兴趣

当我问孟杰，他跟涛涛的关系如何时，孟杰告诉我，一直以来，他都是一个严厉的父亲，对涛涛管得很严，有很高的要求和期待，对他来说学习成绩是非常重要的。

小学阶段开始，涛涛的学习、接送等一切生活起居几乎都是孟杰一手包办，他让涛涛只专心学习，不需要做学习以外的其他事情。同时，孟杰夫妇也尽量避免涛涛经受挫折，对他很保护。所以，很多的事情涛涛都没有机会去经历和体会。孟杰说，这种养育方式，导致现在已经14岁的涛涛，生活自理能力还是很差。

我好奇地问孟杰，所有的注意力都集中在学习上，那涛涛有自己的兴趣爱好吗？孟杰说，小的时候，涛涛跟其他小孩一样，对世界充满了好奇，有特别多想学的东西。只要涛涛想学，孟杰夫妇就会给他报班，但涛涛每学一样东西，孟杰都会盯着，嘱咐他要认真、要坚持、要努力。说到这里，孟杰觉得自己当时的督促反而起了不好的作用。我也不禁感叹，本来是出于兴趣，是一件孩子喜欢的轻松好玩的事情，但因为爸爸总是盯着，孩子反而就没了兴趣。

孟杰说，羽毛球算是涛涛比较愿意坚持的一个爱好，但后来出于学习上的考虑，也让涛涛停下了。当我听到孟杰让涛涛把几乎是唯一的爱好也停掉时，我觉得非常遗憾。如果孩子的生活里没有自己的兴趣爱好，没有一些自己对生活的掌控感，就会失去部分的热情，心理学上把这叫作"动机匮乏"。其结果是容易造成成瘾性行为，因为孩子需要从成瘾性行为里去获得一些掌控感和快乐。

所以，从六年级开始，失去了自己兴趣爱好的涛涛，大部分时间就在家打游戏，门都不想出，也很少跟人交流，即便是重要的聚餐也是吃完饭就埋头玩手机。

我问孟杰："你和涛涛之间的沟通是怎样的呢？"孟杰回忆说，小的时候还好，到了四年级以后，随着作业增多，渐渐就不好沟通了，小时候讲得通的道理，慢慢也讲不通了。无法沟通时，孟杰就强力压制，学年越来越高，孟杰也越来越严厉。

在我看来，初一的涛涛既面临来自爸爸的压力，也要面临来自班级的压力，这对小学阶段没有经历挫折的涛涛来说，确实是一个很大的困难，而身边没有人了解和疏导，不知道如何应对的涛涛，越来越频繁地躲避到手机的世界里，也开始产生不愿上学的念头。

孟杰也说："我们当时觉察到孩子有情绪，但真的不知道怎样可以帮到他，不知道通过什么方式能够缓和他的情绪，一点方法也没有，也不了解一个孩子的情绪影响有这么大。"

我问孟杰："涛涛妈妈呢？你们两个人的心路历程是一样的吗？"孟杰说，妈妈平常更多的是照顾家庭，照料孩子的饮食起居。后来有了妹妹，重心更多放在妹妹身上，所以就算涛涛心里有压力，觉得苦闷，也没有机会去跟妈妈聊聊。

3. 建立信任，循序渐进

对于涛涛不去上学，长辈和亲戚们纷纷提出意见，孟杰夫妇承担了来自很多方面的压力。最终，他们决定去找咨询师，希望得到专业的帮助。孟杰说："到今天为止，我发现方向没有选错，只是还需要时间。"

涛涛不太愿意去见心理咨询师，只勉强去过一两次，效果也不是特别好。所以，去见心理咨询师的主要是孟杰夫妇俩。咨询师一方面平复了孟杰夫妇的心情，让他们减少焦虑，同时也给了指导意见，告诉他们要让涛涛感觉爸爸妈妈跟他是一伙的。

在咨询师的建议下，孟杰找来了小伙伴跟涛涛一起玩，一起交流，他发现涛涛很开心，露出了很久不见的笑容和放松的状态。孟杰这才意识到，涛涛真的太缺少玩伴了。

回看涛涛不上学的这两个月，孟杰说一开始过得非常难。一个多月后，孟杰夫妇和涛涛的心情都平稳了很多，渐渐能有些沟通了，时不时说上几句话，或者开开玩笑。这让孟杰感觉看到了一些希望。

孟杰说："刚开始的时候，我们很焦虑，虽然他躲在家里玩游戏，但我知道他内心是很自责的。其实他也不接受自己不上学，或者从此辍学。现在我们每天都在学习，边用边学，想尽快补全自己认知上的不足，孩子这一个多月有不小进步，也没有往更坏的方向发展。"

孟杰反思，当初使用P.E.T.的方式与涛涛沟通之所以失败，是因为底层认知没有转变过来，在内心没有真正做到接纳的情况下使用P.E.T.，其实是一种变相的控制。他坦言，当时学习P.E.T.就是想改变孩子，因为他觉得孩子沉迷游戏才导致成绩退步和厌学。

经过这段时间的心理咨询和学习，配合观察孩子的一些表现，孟杰发现并不是这样。涛涛沉迷游戏，是因为他确实缺少可以沟通的伙伴，缺少能够和他深入交流、谈心的人，他在现实世界很孤单，所以才跑到游戏里，跟游戏里的朋友沟通交流，在游戏里获得成就感和陪伴。

孟杰说，涛涛初一的时候，夫妻俩不懂得去疏导他的情绪，还跟着老师给他施压，是他们最错误的一件事情。

说到这里，孟杰也非常希望我能给他一些意见。我跟孟杰分享，大部分比较严重的手机问题，其实归根结底是亲子关系出了问题。在家里，孩子感觉没有人能跟他平等交流，自己不被看见和理解，找不到人倾诉苦恼，才会最终转向手机。所以，解决手机问题首先要改善跟孩子之间的关系，先让孩子愿意去信任父母，再慢慢跟父母打开心扉，进行沟通。

孟杰说，他也意识到第一步要先建立关系。但与青春期的孩子建立关系难度不小，还需要时间。目前，孟杰没有着急让孩子去上学，因为他知道，回到学校不一定就能解决问题，只是把这个问题藏起来了。现在应该允许问题完全暴露出来，然后再考虑怎样重新建立亲子关系。完成这部分之后，才是第二步——重新回到学校。目前还停留在第一步上。

采访到最后，我问他女儿的情况怎么样，一直很沉重的孟杰露出了轻松的表情说："我发现P.E.T.在老二身上特别适用，前段时间她数学考了60多分，全班倒数，我跟她说没关系，以后努力就行。我们对待她的态度跟老大一年级时完全不一样。"

孟杰跟我分享了一段他和女儿的对话，他用P.E.T.的积极倾听技巧，倾听了不想上学的女儿。

> 女儿：爸爸，我不想上学。
>
> 孟杰：你不想上学了，回学校让你不舒服。

> 女儿：是的，在学校上课时间那么长，下课时间那么短。
>
> 孟杰：你觉得玩的时间不够，上课的时间太长了。
>
> 女儿：是，然后音乐课还有体育课经常被老师用来上主课。
>
> 孟杰：今天没有上音乐课、体育课，你有点不开心。

女儿被倾听过后，没有再提不去上学的事情了。孟杰感叹，之前涛涛有情绪时，他们还不懂疏导，在女儿这里却疏导得非常娴熟，不着痕迹。如果再早几年学习到P.E.T.，可能就完全不是现在的局面。

我与孟杰分享："生命没有如果，但是生命充满了选择。你们夫妻俩选择去做心理咨询，选择对外寻求帮助，选择学习，你们愿意从自己身上去一点点地做出改变，我觉得这是非常好的开始，也是十分难得的转变。你看，因为和老大之间出现问题，促使你们开始学习和改变，老二就受益了。你们选择了一条走向自己，然后去改善关系的路。"

孟杰说："这条路非常难，但再难也得走，没有别的方法，咬着牙坚持下去就是了。"

生命里有些礼物是带着精美的包装而来，有些礼物的包装却不那么好看，甚至有些丑陋。涛涛玩手机和不上学的问题，促成了孟杰夫妇的转身和学习，这种学习完全不同于学校里知识文化的学习，而是转身向内，开始了解人的心理，了解何为生命，这是智慧的学习。依识而活是凡夫，依智而活是圣人。涛涛送给父母的就是这样一份包装不太好看的礼物。

4. 停止控制，保持谦卑

有一次，我在武汉做一场讲座，主办方把讲座的名字定为"对不起，我也是第一次当爸妈"。是啊，绝大多数人都是在没有学习如何为人父母时，就已经当上父母了，所以养育孩子大多用的都是旧有的方式。然而时代已经不一样了，整个社会的基础和人类的意识已经发生了很大的转变。如果我们还停留在望子成龙、望女成凤的旧有养育观念里，必然会带来冲突，孟杰和涛涛就是一个例子。孟杰扮演了一个严厉的父亲，用他旧有的理念养育孩子，想要控制孩子成为自己期待的样子。

这当然不是孟杰的错，身为父母的我们就是被这么养大的，我们只是在无意识地重复认知里的养育模式而已，以为那是"对"的方式。直到某天现实把我们唤醒，我们才意识到，哦，世界已经不同了。

那我们到底该如何养育新一代的孩子呢？

早在2016年，世界经济论坛联手美国波士顿咨询公司发布了题为《教育新视界：通过科技推进社交和情感学习》的报告，核心论点是：包括合作能力、交流能力、问题解决能力在内的社交和情感能力，对于学生将来能否在21世纪的职场获得成功至关重要，因此必须将社交能力和情感能力放在和学术素养同等重要的位置来培养。

在AI时代，更加凸显出知识的学习不再是唯一重要的事情，一个孩子的自我意识，包括他能否了解自己的能力，理解自己的感受、情绪，拥有自己的兴趣、目标和价值观也非常重要。他管理自己的情绪和行为的能力，他是否拥有同理心，能理解和尊重他人的感受，能否处理好人际关系，能否在综合个人需求和人际关系的基础上，做出有建设性的决定和选择，都是现代孩子需要关注和学习的能力。

这些被统称为社交和情感能力，在课堂和学校是很难学到的，孩子们应该跟着第一任老师，即跟父母的互动来学习这些能力。

当孩子有情绪时，能被父母倾听和理解，可以培养孩子了解自己和联结他人的能力；当父母有情绪时，能有效表达自身的想法，就可以发展孩子管理自己情绪的能力；父母在日常能够肯定和欣赏孩子，就可以发展孩子自我认同的能力；发生冲突时，父母能建设性地解决冲突，达成共赢，就可以发展孩子处理人际关系和自我负责的能力。

孟杰说他和太太现在每天都在学习，我想，他在学的就是以上这些跟孩子相处的方式。

如果你已为人父母，看到这里感觉压力巨大，觉得自己做不到，那也没关系，你只需要停下你对孩子的控制，信任孩子,明白孩子属于明日的世界就好。未来这个世界,注定是孩子的世界。请保持一种谦卑的心态,照顾孩子的身心需求,支持孩子发展自身的热爱,成就他们的梦想。

《道德经》有言,"是以圣人后其身而身先,外其身而身存",先贤的智慧仍然可以指导今天的养育。

为了帮助涛涛,孟杰夫妇愿意转身向内,开始学习和了解生命,这是我在采访过程中很感动的一件事。悟后起修是真修,乌云只是暂时的,生命的真相之一就是,一切都是流动的。他们并不是一个所谓的失败案例,成功与失败都是相对而言,他们只是还走在过程中而已。祝福孟杰一家早日拨开乌云见阳光。

思考

教育不单指学习书本上的知识,应该把身心健康和情感学习也包括进来。关于教育,你的理念是什么?你有没有从更广义的角度来看待教育呢?

第三章

改善沟通：
人生何处不沟通

第一节

与孩子一同成长

温柔而坚定不是冰冷或微笑着拒绝，而是内外一致的表达。

1.不对抗孩子的成长规律

4岁的小七趴在地上，边大哭边喊"我就要，我就要"，我和妹妹在旁边陪着他，但他拒绝沟通，直到释放完情绪，才慢慢安静下来。

小七是妹妹的第二个孩子，是个小男孩，刚刚一幕的起因是我在淘宝上给小七买礼物，小七发现淘宝上可以看他最喜欢的玩具小汽车视频，于是那段时间小七一到我家，就缠着我要看。看之前他会说只看一个，但一看就着迷了，要费很大劲才能让他停下。

几次后，我和妹妹都开始无法接受。妹妹接受不了小七长时间看视频，我则接受不了小七因为看视频没时间和我互动玩耍。

这一次，我们在小七看了一会儿之后就把手机收回了，所以就出现了开头的那一幕。

有时候我会被问到幼儿看手机视频的问题，家长经常陷入两难，给看怕停不下来，不给看孩子会吵闹。

从0~21岁，孩子会经历不同发展阶段，0~7岁是意志发展阶段；7~14岁是感觉系统发展阶段；14~21岁是思维发展阶段。

所以，7岁前的孩子很难有"自控"能力，这个阶段的幼儿需要父母温柔而坚定的"协助"。温柔而坚定不是冰冷或微笑着拒绝，而是内外一致的表达，同时还要保持对孩子的同理和倾听。

其实不只在7岁前，在我们开办的课程里，不少青少年也表示希望父母协助，让自己停下来，只是父母使用的方式让他们不由自主地想对抗。通常亲子关系比较好的家庭里，孩子们更愿意接受父母的提醒和帮助。

说回小七的故事，我告诉小七："我不希望你一直看视频，一方面你妈妈会担心，另外再过一会你就得回家了，我们就没时间一起玩了。"

说完我把手机收回来，小七趴在地上大哭，我和妹妹在旁边陪着，但没有试图阻止他。渐渐地，小七停止哭泣，坐在我妹妹的身上，妹妹倾听了他几句后，又过了一会儿，小七开始在房间里玩耍起来。

这次事件之后，小七再来我家时，我会提前跟他说，"我们不看手机视频，要一起玩耍。"视频风暴就这样过去了，再后来，小七偶尔还是会看，但会在我们提醒时停下来。

2.手机做不了保姆

对于幼龄孩子使用电子产品，我们可以这么处理，但不能只是这么处理。妹妹家的两个孩子，女儿10岁，儿子5岁，都没有太严重的电子产品使用问题，很大原因在于父母付出了大量的时间和精力去陪伴。

妹妹和妹夫除了上班，其他时间基本上都花在陪伴孩子和培养孩子兴趣上。女儿满格有很多兴趣爱好，手工、绘画、篮球、轮滑，还经常到楼下跟同龄的孩子玩耍。满格有一个自己的手机，但她的使用时间并不长，因为她喜欢的东西实在太多了。

对于幼龄的孩子，如果不想他们过多使用电子产品，父母们除了需要温柔而坚定，还要多花时间陪伴，同时发展孩子的兴趣爱好，而不是让电子产品成为孩子的"保姆"。

另外，发展孩子的兴趣爱好，不是发展父母希望孩子拥有的兴趣爱好。并非孩子真正喜欢，而是父母强加上去的兴趣，只是一种负担和压力。

或许看到这里，有些父母会觉得，真不容易啊，要学会沟通，要花时间陪伴，还得用智慧应对。可不是吗，谁又是一开始就知道怎么当父母的呢？每个时代的父母都会有属于他们的挑战，当年我们不也是跟自己的父母斗智斗勇吗！在这个人工智能飞速发展的时代，身为父母，也要跟孩子一同成长，学习如何做好当代父母。

思考

你花在陪伴孩子上的时间有多少？你一般都会陪伴孩子做什么？你和孩子共同的活动有哪些？

第二节

生命不息，沟通不止

我们都幻想，只要解决了某件事，人生从此一劳永逸，然而，生命就是一个不断应对事件发生的过程。

刚认识雅芸时，她的女儿安安才4岁，那时雅芸就接触了P.E.T.父母效能训练这门课程，并且一直在安安身上实践。我时不时就听雅芸说："我最近又用第三法解决了一个冲突啦。"印象里，她和安安经常使用第三法来解决关于电子产品的冲突，在一开始写这本书时，我就决定了要采访雅芸和安安。

1.和孩子一起制定规则

雅芸告诉我，在3~6岁这个阶段，安安使用电子产品基本上没有遇到什么问题,完全由家长决定使用时间。雅芸与安安第一次产生冲突,是在安安6岁准备上小学时,那时奶奶抱怨安安的电子产品使用时间太长,担心影响学习。所以,在一个悠闲的周末,雅芸邀请安安一起来商量关于iPad的使用,这也是她们第一次使用P.E.T.里解决冲突的方法:第三法。

她们拿起纸和笔,一边沟通,一边记录:

> 妈妈的困扰是:原定玩半个小时,到时间安安却关不掉iPad;下班回来,会听到奶奶抱怨;进入小学了,希望安安更注重学习。
>
> 安安的困扰是:原来看动画片,比如《小猪佩奇》,时间够用;现在看一些迪士尼电影,半个小时不够用。

写完困扰后,她们继续沟通:

> 妈妈的需求是：希望安安不要早上一起来就玩iPad；使用iPad的时间固定下来，放假时有半个小时；观看内容有限制，要适合小朋友，不能太暴力。
>
> 安安的需求是：不使用沙漏计时，因为看iPad时很投入，根本看不见沙漏；希望能有一个小时的iPad使用时间。

清晰了各自的困扰和需求后，雅芸和安安开始一起头脑风暴，想想有什么办法可以同时满足两人的需求。她们想到的办法有：1.沙漏买大一点；2.用电话手表设置定时闹钟；3.上网买定时器；4.周末可以上午半个小时，下午半个小时，其余时间只能放学后看半个小时；5.多花时间和爸爸玩。

最后，她们决定把3、4、5结合起来使用，上网买了定时器，周末上午半个小时，下午半个小时，其余时间放学后看半个小时，平时也多花时间和爸爸玩。

雅芸说，制定了上面的规则后，在接下来一年半的时间里，她和安安再没有因为电子产品发生过冲突，奶奶也很满意，基本上一提醒，安安就会关掉iPad。

雅芸说，在这个过程里，她秉持着在规则里建构爱与自由。自由与规则从不是对立的，在爱与自由的前提下制定规则，也在规则里成就爱与自由。

她觉得第三法之所以奏效，是因为既满足了父母的需求，也让孩子参与制定规则，考虑他的需求，孩子自然会遵守。这个方法让孩子感受到，他的需求是可以说出来并得到尊重的，这样才会产生内在动力去遵守制定出来的规则。

让孩子成为规则的制定者和参与者，让他感觉可以为自己的事情做主，孩子自然而然会感受到和家庭成员合作是一件重要且美好的事情。

雅芸也坦言，在这个过程中，比较难的一点就是自己非常不愿意放下权威，她觉得直接要求更简单，小孩又没有能力反抗。但是，她也清楚，一直对孩子使用权威不利于孩子的成长。

2.扎根在彼此的需求上

到了2020年疫情期间，全家人长时间待在家里，不知不觉iPad、手机的使用变得多起来，这期间，雅芸又跟安安使用第三法，并根据新的情况讨论出新的方法。三个月后，孩子们网课结束，重返校园。但雅芸觉得疫情好像不知不觉间，让他们一家的生活方式发生了转变。

安安好像突然长大了，她开始录抖音，开始学唱流行歌；她和爸爸一起玩《动物森友会》，学会上网查游戏攻略；她爱上看游戏直播，也学会了使用淘宝，跟淘宝客服沟通……就连日常学习也开始和电子产品紧紧挂钩。网课、线上英语课、线上数学课、线上美术课，什么都需要使用电子产品。安安开始戴上了眼镜，近视150度。雅芸有些焦虑了，不仅仅因为近视，还因为安安的整体变化。安安写作业时，会表现出之前没有过的烦躁。有一天，她才写了15分钟就大喊"我烦死了"。

慢慢地，雅芸和安安之间的冲突开始升级。表面上，雅芸批评的是作业、阅读问题，但她心里清楚，归根结底是她对电子产品的不满，电子产品让一切都失控了。

雅芸强烈地表示需要解决这个问题，但安安说："我不想谈，我没有什么需求。"因为安安知道妈妈想改变她。就在安安有些"心不甘情不愿"的状态下，全家还是一起做了第三法。

安安的需求非常简单，晚上可以和朋友视频，周末可以和朋友玩。雅芸和奶奶提出共同被困扰的地方是，需要反复提醒安安未完成的作业，而且安安有时边写作业边和朋友视频，作业出错率变高。

这次的家庭第三法，雅芸的丈夫也参与了，但他的立场主要是支持女儿，同时想活跃一下气氛。大家都很坦诚地说出自己的想法，并且共同寻找解决方法。最后，一家人用了半个小时，围绕学习、作业、电子产品、与朋友出去玩的频率、阅读时间、跳绳时间等问题展开讨论，最终通过第三法思维导图找到了大家共同认可的解决方法。

需求

妈妈：
1. 提前告知，好做安排。
2. 不用反复提醒孩子，能安心做自己的事。
3. 良好的亲子沟通关系。（最近谈电子产品被伤到了）

安安：
1. 周末自由和朋友玩。
2. 可以和朋友视频。
3. 使用电子产品的自主权。

奶奶：
1. 不用反复提醒写作业。
2. 保证作业完成质量。
3. 合理安排使用电子产品。

其他

做一周计划。

"小度提醒"用起来。

晚上安排跳绳时间。

第三法记录本随身携带，除了上学。

中午阅读。

友谊

两周约一次。

提前沟通，父母可拒绝。

完成作业后，在自由时间和朋友视

家庭第三法

学习

- 回家先写作业。
- 每周可以在外面玩两天。
- 设定使用25分钟番茄工作法。
- 作业时间，iPad拿出房间。
- 9：00前不唠叨、提醒孩子，9：00之后可以。
- 作业时间，有独立空间。
- 中午完成阅读及线上作业。
- 爸爸妈妈偶尔可以检查作业。
- 每日必做作业贴在墙上。

电子产品

- 每周电子产品使用时间固定。（"小度提醒"）
- iPad拿出房间充电。
- 周一到周五每天1.5小时，周末2.5小时。
- 每次只玩半小时，时间分开。
- 淘宝可以周末使用。
- 每月有一个电子产品自由日。

雅芸担心这次的第三法更多的是安安在照顾家人的需求，于是第二天问安安："妈妈觉得这次第三法好像都是在要求你，你会不会觉得不愿意接受？"安安回答："不会啊，我也在场，这些都是我们一起想出来的办法。"雅芸也想照顾到安安对于使用iPad的需求，所以她提议每月设置一个"电子产品自由日"，那天由安安自己决定怎么玩，这一想法也得到了奶奶的支持。

那段时间，安安和她的姐姐钉钉一起录抖音，分享彼此的作品，不时给雅芸展示她新完成的抖音作品。雅芸觉得除了传统的学习方式外，安安也正在用另一种雅芸未曾感知的方式学习更多知识。

虽然雅芸有过因电子产品而崩溃的时候，但也有对安安产生钦佩的时候。她觉得，其实出现什么样的问题并不重要，重要的是，她和孩子是怎样共同解决问题的。

回顾跟安安一起解决电子产品冲突的这几年，雅芸觉得，孩子的未来注定是和科技、电子产品共处的。这带给养育者的考验就是，怎么去平衡电子产品的正面影响和负面影响。

她说,最开始让她感觉迷茫的地方在于,自己对电子产品带来的影响的认知是模糊的,觉得自己无法给孩子引导,也无法成为孩子的榜样。她坦言,自己对电子产品的利弊有太多的未知,所以只能是扎根在彼此的需求上,使用P.E.T.第三法来解决冲突。她说,第三法让她在还不确定该如何看待电子产品时,指引她回到亲子关系这个点上。

在与电子产品周旋的这条路上,即便雅芸不懂未来、不懂孩子的世界,也有很多恐惧,但她努力做到不因为电子产品去指责、否定安安,而是和她在一起,共同面对和探索。

听到雅芸的这些想法,我很感动。很多时候,我们一旦成为父母,就会无意识地把自己架上神坛,觉得什么都知道。但现实的情况是,我们在对很多事物没有整体认识的时候,就迫不及待按照自己的想法来要求孩子。拜伦·凯蒂和克里希那穆提都说过同样的话,承认自己不知道,是智慧的做法。

3. 家庭成员以外的电子产品冲突

到底什么是第三法呢?我简单给大家介绍一下。P.E.T.父母效能训练课程的宗旨，是致力于创建平等、尊重、有爱的亲子关系。课程给父母提供了一个有效解决亲子冲突的沟通方法——第三法。之所以叫第三法，是区别于日常亲子沟通中，父母容易使用的两种方法，权威法（第一法）和放纵法（第二法）。

第一法和第二法虽然可以解决当下的冲突，但父母或者孩子中会有一方感到不舒服和妥协，因为这两种解决方法存在赢家和输家。而第三法也称为无输家冲突解决法，父母和孩子通过以下6个步骤，共同寻找满足双方需求的解决办法，没有人需要妥协，大家都是赢家。具体步骤为：

1. 界定需求
2. 头脑风暴解决方法
3. 评估解决方法
4. 选择解决方法
5. 执行解决方法
6. 后续评估

雅芸一直坚持使用第三法解决她和安安的电子产品冲突。这期间，她们又根据安安花太多时间在抖音上、安安考试分数低、安安想要一部自己的手机等问题，不断调整电子产品的使用规则。

安安和钉钉五年级的时候，两个人虽然不在同一所学校，但是她们基本上每天都保持联系。她们通过视频一起聊天、写作业、玩游戏，两个人常常很开心。但是，双方奶奶和妈妈却再次陷入困扰，因为总是视频，就增加了iPad的使用时间，大家开始担心这样会影响作业质量和效率。

钉钉妈妈和雅芸谈到这件事，雅芸提出建议，所有人一起进行一次四个人的第三法。

第一步：界定需求

大家都说出需求，雅芸来负责记录。开始的时候，孩子们说："我们就是要看iPad。"雅芸说："这是解决办法，你们需要说的是需求。"帮孩子们慢慢厘清什么是需求。

安安说："我想和钉钉视频，有时也需要用iPad查东西，比如我想买什么会先在iPad上查好再买。另外，有时我没有抄全作业，同学可以用微信发给我，现在用电话手表，很不方便。最后，我还想偶尔可以玩一下《蛋仔派对》。"

雅芸总结了一下："安安的需求是，可以和朋友视频聊天、购物，方便看到同学发给自己的资料，玩《蛋仔派对》。"

钉钉说："我早晨和同学一起上学，因为电话手表经常没电，有时就没办法及时联系，用微信就方便多了。还有，同学们会在微信群聊天，如果不参与，第二天我都不知道他们在聊什么，很尴尬。"

雅芸跟钉钉核对："所以你的需求是，方便和朋友联系、了解同学微信群在聊什么。"

钉钉妈妈说："奶奶会和我说钉钉总是玩手机，还有就是作业问题，钉钉只写老师布置的作业，兴趣班的作业都没有写。"

父母在表达需求时，很容易变成抱怨。雅芸提醒钉钉妈妈，是要表达实际的需求。

钉钉妈妈接着说："钉钉上厕所会带着iPad，在厕所待上半个多小时都不出来，我们家就一个厕所，九点多刚好是使用高峰期，严重影响大家。还有，她们视频写作业，感觉很长时间都写不完,这点奶奶也很有意见。"

雅芸总结道:"所以,钉钉妈妈的需求是,不被奶奶抱怨手机问题,不用操心钉钉的课外作业,全家人可以正常使用洗手间,保证作业完成的效率。"

最后,雅芸说到自己:"之前允许安安自由使用手机,出现状况时我会很心烦。我希望我的信任得到尊重,而且我很不喜欢管理iPad。最近安安的学习成绩提升了一些,我希望她成绩不要下降,并可以保持其他兴趣。 所以,我的需求是,信任得到尊重,不用花时间管理iPad,安安保持成绩和兴趣。"

第二步:大家一起头脑风暴解决办法

明确所有人的需求之后,她们开始一起想有哪些解决办法可以同时满足四个人的需求,这个过程需要大家脑洞大开,最后她们四个人一共想到了17个解决方法。

> 1. 让哆啦A梦用时光机把时间永远调整到周六、周日。(安安)

2. 每天有20分钟时间玩《蛋仔派对》。（安安）

3. 买一台只有微信的老年机。（雅芸）

4. 在脑子里玩《蛋仔派对》。（钉钉）

5. 每天查iPad使用时间，如果超时，后面2天不能再玩。（安安）

6. iPad放孩子那儿，奶奶负责检查。（安安）

7. 每天陪妈妈聊天，用聊天时间置换iPad使用时间。（雅芸）

8. 两个孩子换到同一所学校，每天下楼玩，就不用iPad了。（安安）

9. 一个人用iPad玩游戏，一个人在脑海中用想象玩。（安安）

10. 一周有一天是购物日。（雅芸）

11. iPad充电到20%，把充电器收走，电量用完就不玩了。（安安）

12. 不查iPad时间，因为压力很大，可以查电

量。(钉钉)

13. 每周有一次30分钟的时间玩《蛋仔派对》。(安安)

14. 删除其他软件,只留下微信、蛋仔、拼多多,微信设置青少年模式,避免玩小游戏。(雅芸)

15. 周六、周日每天可以玩2个小时。(雅芸)

16. 不用思考的作业可以让两个孩子边视频边写,需要思考时就不能视频。(钉钉妈妈)

17. 不在洗手间做其他事,包括玩iPad和电话手表,孩子和妈妈共同遵守。(钉钉妈妈)

雅芸发现相对于大人,孩子提出了更多的解决方法。这个过程中,有时刚提出一种方法,就有人忍不住立刻吐槽"不可行"。雅芸就会提醒大家,暂时不做评判,先记录下来,等会儿一起来讨论这个方法是否可行。

第三步：评估解决办法

雅芸依次念出上面的解决办法，让大家根据自己的情况，讨论是否同意这个方法。记录如下：

> 1. 让哆啦A梦用时光机把时间永远调整到周六、周日。（实现不了）
>
> 2. 每天有20分钟时间玩《蛋仔派对》。（父母不同意，时间太长了）
>
> 3. 买一台只有微信的老年机。（孩子不同意）
>
> 4. 在脑子里玩《蛋仔派对》。（全部同意）
>
> 5. 每天查iPad使用时间，如果超时，后面2天不能玩。（全部同意）
>
> 6. iPad放孩子那儿，奶奶负责检查。（父母不同意，给奶奶增加压力）
>
> 7. 每天陪妈妈聊天，用聊天时间置换iPad使用时间。（补充：换成每天共学半个小时英语）

8.两个孩子换到同一个学校,每天下楼玩,就不用iPad了。(不好实现,太麻烦)

9.一个人用iPad玩游戏,一个人在脑海中想象玩。(其中一个孩子不同意)

10.一周有一天是购物日。(全部同意)

11. iPad充电到20%,把充电器收走,电量用完就不玩了。(可以考虑,需要测试20%电量的使用时间后再确定)

12.不查iPad时间,因为压力很大,可以查电量。(补充:不在孩子面前查时间)

13.每周有一次30分钟的时间玩《蛋仔派对》。(全部同意)

14.删除其他软件,只留下微信、蛋仔、拼多多,微信设置青少年模式,避免玩小游戏。(全部同意)

15.周六、周日每天可以玩2个小时。(全部同意)

16.不用思考的作业可以让两个孩子边视频边

> 写，需要思考时就不能视频。（补充：不好评估，孩子决定写作业就不视频）
>
> 17.不在洗手间做其他事，包括玩iPad和电话手表，孩子和妈妈共同遵守。（不同意，做不到）

雅芸说，在评估解决方法的时候，她听到了孩子们很多心声，也有很多惊喜。比如，如果大人在孩子面前检查屏幕使用时间，孩子们心跳会很快，很紧张。还有关于视频写作业这点，在做第三法之前，以为这是孩子们的需求，没想到孩子们主动说不视频了，不要互相影响写作业。

第四步：选择解决方法

大家从都同意的解决方法里面，选择出以下愿意去执行的方法：

> 4.在脑子里玩《蛋仔派对》。

5.每天查iPad使用时间,如果超时,后面2天不能玩。检查iPad使用时间,但不在孩子面前查。

7.每天和妈妈共学英语,置换iPad时间。

10.一周有一天是购物日。

13.每周有一次30分钟的时间玩《蛋仔派对》。

14.删除其他软件,只留下微信、蛋仔、拼多多,微信设置青少年模式,避免玩小游戏。

15.周六、周日每天可以玩2个小时。

16.写作业时不视频。

第五步:执行解决办法

大家一起把选择出来的解决方案,制定一个行动计划:

iPad使用时间为周一到周四每天30分钟,周五1个小时,周六、周日2个小时;孩子们负责删除不需

> 要的软件，除了学习用的软件，只剩下微信、蛋仔和拼多多；妈妈们负责设置屏幕使用时间和微信青少年模式；建一个四人的iPad管理群，妈妈每天晚上检查使用时间，把结果发到群里；每天半个小时英语共学时间。

第六步：后续评估

四个人决定设置一个时间段，大家定期回顾这个方法是否有效。

雅芸说，制定了行动计划后，安安执行得很好，可是钉钉的iPad使用时间连续几天严重超时，按照约定，如果超时，后面2天不能再玩，结果钉钉就连续好几天不能玩了。雅芸知道这件事后，和钉钉妈妈沟通："第三法的目的不是为了让孩子感觉到沮丧，或者做不到时自愿接受惩罚，而是为了达到共同满意。如果孩子执行得不好，我们就要及时了解原因，做出调整,这样孩子才会对第三法产生热情。"雅芸建议钉钉妈妈和钉钉重新沟通,了解执行过程中遇到什么困难,是否需要增加需求或调整解决办法。

钉钉妈妈沟通后了解到,钉钉以前是一天使用2个小时,突然缩减到半个小时,觉得很难控制。她们决定改为每天给钉钉一个小时的使用时间,半个月后慢慢缩减到半个小时。调整后,钉钉第一次把iPad使用截图发到群里,很高兴地告诉大家她做到了。

雅芸说,在使用第三法时,如果孩子无法遵守,父母不要执着于明明沟通好了,孩子为什么做不到,而是需要重新看看孩子遇到的困难是什么,了解孩子更多的需求,一起寻找更适用的解决办法。

在我采访完雅芸后,雅芸邀请安安写一篇关于电子产品的文章,正在读五年级的安安答应了,于是她写了一篇题目为《第三法》的文章。

第三法

　　我们家总有电子产品困扰。妈妈希望我少看一点，但我平常没什么能做的，只能玩玩平板，一看就是几个小时，不想干其他事情，所以妈妈决定和我使用第三法。

　　第一次我们说好一天玩一个小时，一开始坚持得很好，但到后面就玩得越来越多，所以我们打算开展第二次第三法。这次说得更详细，不过也只坚持了一年。之后我和妈妈又陆陆续续讨论了好几次，方法越来越详细，我们也越来越有经验了。不过坚持最久的也只有两年左右。我和妈妈还有一个专用的本子，上面记着讨论各种不同事情的第三法，现在已经快用完了。用得熟练了，我平常也会在和同学、朋友有矛盾时跟他们做第三法。经过这几次使用第三法，我更会管理电子产品的使用时间、表达自己的需求了。

　　我觉得第三法对我来说很有用，可以更清晰地了解父母的需求，同时想出解决问题的办法，有时他们的解决办法也挺好玩的。

我印象最深的是，有一段时间，因为我和朋友每天玩游戏时间太长了，所以妈妈决定再开展一次第三法，不过那次不一样，不是只有我和我妈，还有我朋友和她的妈妈。我们围在一张桌子前一起讨论，提出了各自的需求，还想了许多办法，我的朋友中途提出她很难执行，于是我们又做了一些更改，最后都很好地完成了。

为什么说那次让我印象最深呢？因为那是我们第一次多人使用第三法，让我知道了第三法不只可以两个人执行，体会到了多人的乐趣。

我认为第三法是需要参与的人同心协力去讨论、制定以及执行的一个过程，而不是其中一个人去改正自己，迁就其他的人，是共同找到多个需求的中心点，一起去制定一个让大家都觉得舒服的解决办

> 法。比如，父母和孩子的需求经常会有矛盾，很多家长会让我们孩子去改变，而第三法是去寻找让双方都舒服的解决办法。用了第三法之后，妈妈更了解我的需求，我们能更好地想解决问题的办法了。我也希望在今后的生活中，与妈妈越来越有共同话题，越来越不容易吵架。

最后，我采访了安安。我问她的第一个问题是："从小到大，在手机这件事情上，觉得妈妈对你最大的帮助是什么？"安安觉得，妈妈最大的帮助是让她自己控制时间，不会过于强制管理她使用iPad。

我又问安安，她希望从什么时候开始，妈妈不再管她对电子产品的使用。

安安告诉我，当她长大了，有自制力了，或者与妈妈定好使用手机的规则后，希望妈妈不再管她，在那之前，她觉得妈妈的帮忙是必须的。

听到她说"必须",于是我跟她确认:"有时候小朋友面对电子产品会停不下来,这时有个外来力量帮忙是很必要的,是这样吗?"安安很干脆地回答我:"是的,小时候没有办法自己管理,但又不能看太多,所以需要大人帮忙。"

采访快结束时,我问安安最喜欢妈妈什么地方。安安说,最喜欢的是妈妈不会过度干涉她,也比较尊重她的意见,在她做得很好的时候,妈妈还会表扬她。

4. 教育来自"平等"而非"权威"

从一年级到现在五年级,雅芸把和安安一起做过的第三法都写在一个本子上。她说,一开始她对第三法是否可行也没有那么确定,是在一次次实践以及安安的反馈中才渐渐建立起信任。电子产品是雅芸践行第三法次数最多的主题,在这过程中,她不断地感受戈登博士(P.E.T.课程的创建者)要传递的平等理念。她和安安都从中收获很多,安安越来越清晰自己的需求,而雅芸也在这段非权威的旅程训练了自己。

雅芸的案例让我最感动的地方在于,她并没有假定一次沟通就能彻底解决问题，而是随着孩子的成长和外部环境的变化，一次次重新沟通，调整第三法，跟安安一起制定出最适合当下的电子产品使用规则。

从我跟雅芸的沟通中，我知道她会在跟孩子的互动中不断地反思，改变自己的原有观点，也会从长远角度来考虑，什么样的沟通方式最有利于孩子的成长，最大限度帮助孩子发展自身的能力。

雅芸是寻求成长和变革的年轻一代父母们的一个缩影，他们勇于探索，不畏惧成长，有勇气打破成见，重建价值观。我想，也正是有这样的一代人，我们的养育才能逐渐跟上时代的发展，我们的教育才有焕新的希望。

如果说父母是孩子的第一任老师，那么在电子产品的冲突过程中，雅芸教给安安的就是，如何在综合个人需求和人际关系的基础上，做出有建设性的决定和选择。这是生命的教育、智慧的教育，是课本以外的学习。所谓教育，教就是以身示范，育就是培其本有。我想，雅芸做到了。

思考

找个安静的空间，写下在你跟孩子关于电子产品的冲突里，你内心的需求是什么？写完自己的需求后，想象如果是你的孩子，在使用电子产品上面，他的需求又是什么？写完双方的需求后，你的感觉是什么？你有什么决定吗？

第三节

有热爱，不沉溺

被热爱驱使的人生是幸福的，也是自由的！

1. 电子产品在我家

当我写完所有的采访稿之后，我想大家也许会好奇，手机问题在我家是怎样的情况。

我女儿妮妮在小学阶段就已经实现了电脑自由，那时候手机还没有像现在这样容易让人产生依赖，大家普遍使用的是电脑。小学阶段只要家里电脑是空闲的，妮妮就可以自由使用。

最开始，她在电脑上玩《摩尔庄园》的游戏，我到现在都记得里面有一个"猪猪快跑"的游戏，特别可爱，她还常常到楼下的书报亭买《摩尔庄园》的各种卡片。那段时间，她花较多的时间在这个游戏上，影响了数学作业的质量，以致数学老师找我谈话，但我跟她沟通后，她又很快调整过来。

四年级的时候，学校开始教一些简单的PPT制作，她开始学着拓展电脑的用途。在那一年，爸爸给她买了一块画板，可以连接电脑使用。从那开始，我经常看到她用画板在电脑上画卡通。那段时间，妮妮每天放学之后，除了玩耍，写作业，用电脑，做一些简单的烘焙，晚上还要到楼下骑单车，跟同学玩，忙得很。

五年级的时候，她迷上了"猫武士"系列图书，除了阅读，还写起了猫武士故事的同人小说。因为经常要等续集，孩子们就会上网，在百度贴吧里一个叫"猫吧"的地方，跟同样热爱猫武士的人一起交流。六年级的时候，她用压岁钱买了吉他，还报了吉他的兴趣班。

后来我经常需要在周末外出讲课，如何使用电脑完全由妮妮自己决定，但她也没有花太多时间在电脑上面，因为她还有太多事情要去做。六年级她又玩起了cosplay，有时周末要去动漫展看表演，偶尔自己也参加表演。对了，最重要的是还得完成每天的作业，她比我还忙。

妮妮还喜欢鲸鱼和猫，她利用网络看了很多有关的视频资讯，经常拉着我一起看相关纪录片，每次跟我讲起鲸鱼与猫的时候，简直就像百科全书，无所不知。

在她投入所有兴趣爱好的时候，我都只作为一个旁观者，几乎没有介入；在她很兴奋地跟我分享时，我会充当听众，听她分享。

六年级的时候，我问她："现在你的很多同学都有手机了，要不要给你也买一个？"她拒绝说："我要手机干吗，不用。"后来大概是初一的下学期，她才有了手机。

紧接着初二的时候，妮妮一门心思想出国读书，那时候她的大部分时间和精力都花在英语学习上。她上网查各种攻略，找最好的SSAT（Secondary School Admission Test，美国中学入学考试）补习班，自己在网上报名，让我陪她去不同城市考托福。

初三的时候她出国读书了。刚出国时，她遇到了一些困难，我知道那段时间她会玩电脑游戏。我心里很感恩她在那段艰难时期可以玩电脑游戏，能释放和缓解一些压力。游戏像是一个壳，让她休生养息，积攒力量，再度站起来。

出国第二年，她渡过了难关，开始正常的高中生活。放假回家的时候，我还跟她和她的朋友一起玩游戏。

2. 热爱抵万金

妮妮完成高中学业后，被美国一所大学录取，妮妮决定过一年gap year（间隔年），给自己一年时间打工和旅游，但因为疫情，哪儿都去不了。那一年她迷上了音乐，花大量时间在电脑上进行词曲编排及MV制作等。她仍然写同人小说，到现在为止，已写了将近40万字。同时，她还喜欢上了跳女团舞。妮妮除了外出练舞、排舞，其他时间基本上都花在电脑或手机上，我偶尔提醒她要注意休息，其他时候都没有去干涉她。

再后来，妮妮决定不去美国了，换了一所澳大利亚的大学。如今，她正在大学里学习她最喜欢的海洋生物专业。大学里妮妮的生活也同样忙碌，上课、跳舞、做饭、打工、写小说，还创建了两个网站。

一路走来，关于妮妮对电脑和手机的使用，我都没有太多焦虑。虽然偶尔也会像大部分妈妈一样唠叨几句，"少看点手机""让眼睛休息休息吧""别看电脑了，早点睡吧"，但这些唠叨更多的是一种疼爱和关心。在我看来，我觉得她只是在做孩子会做也应该做的事情（包括玩手机游戏），是在围绕着自己的兴趣爱好去探索这个世界，与世界互动。

我记得小时候她的同学会跑到我们家玩电脑游戏，与很多同学相比，她有着很宽松的电子产品使用环境，有更大的可能会沉迷于游戏，但是她没有。我也在思考，这是为什么？我想最大的原因应该是她有太多其他的兴趣爱好了，没时间玩游戏。不过妮妮用在电脑和手机上的时间并不少，写小说、创作歌曲、建网站、写作业、查找资料等都需要通过电脑来完成。她就像网络冲浪手，网络扩展了她的世界，助她完成了非常多的事情。

这就是我家关于电子产品的故事，平淡无奇，没有什么戏剧性，网络、手机是我们生活中很正常的一部分。

3. 孩子眼中的网络世界

在我开始写这本书时，编辑就叮嘱我，要记得采访妮妮，所以，我借着采访，也跟妮妮深谈了很久，并整理出一部分我们的谈话。

我问她的第一个问题是："你有过特别沉迷于游戏，停不下来的时候吗？"

妮妮反问我对于沉迷的定义是什么，我发现我并没有一个清晰的定义，所以我改为问她，有没有过一段时间玩游戏比较多？

妮妮一边回忆一边告诉我，因为小时候没有熬夜的概念，所以基本上就算是玩电脑，也是到了时间就睡觉。后来游戏从2D变成3D，但因为她晕3D，身体不允许她玩很久，而且她总是很快就玩腻了。所以，小学阶段她并没有过多时间来玩游戏，基本上都是在百度贴吧里跟别人聊天，或者读网络小说，五、六年级的时候，她已经看了诸如《盗墓笔记》等大量的小说。后来因为换了新iPad，懒得再下载小说软件，也就不看了。之后，基本上就用电子产品看同人文，写同人文，跟同学、朋友联系。

我问妮妮："你觉得对你来说，网络意味着什么？"

这是我第一次这么正式地问她这个问题，她说，网络是她最开始认识这个世界的一个窗口。妮妮跟我说了很多，也很仔细，我梳理了一下，括号里的是我的补充，大概如下：

第一，她从网络上了解到可以去美国留学，然后跟随网上的指导，一步步完成美国留学的目标。（我想起来，妮妮在初一下学期就跟我说，她要去美国读书。我当时愣住了，建议高中毕业再出国，但是她非常坚定，说高中要在美国上。我说"那得请留学中介吧"，她又很干脆地说，"不用，中介太贵了，我已经在网络上查好留学攻略了"。在那之后，她开始根据网络上的指引，报名参加SSAT补习班和托福考试。再后来，我陪着她去美国的两所高中接受面试，初二结束，她就去美国读高中了。）

第二，在网络上接触了绘画、写作，把作品上传后，得到网友的正向反馈，给了她动力继续下去。（直到现在，绘画和写作都是她的日常，她从2022年开始到现在，建了两个网站，一个专门提供给自己和其他同人文作者，另一个用于展示她的生物绘图创作。她画了很多海洋生物，准备为有需要的人提供插画。用她自己的话讲，一个网站是为兴趣，一个网站是商用。）

第三，在网络上认识了很多网友，其中不乏名牌大学的博士生，还有很多喜欢音乐的人，她认为这些都是在生活中很难遇到的。正是因为认识这些人，才让她接触到新的领域，开始音乐创作，又通过网络学会了剪辑、编曲等相关软件的运用。（妮妮在疫情期间开始创作音乐，目前她拥有版权的作品一共有四首。）

第四，因为熟于网络信息查找，她得以在放弃了UC Davis（加利福尼亚大学戴维斯分校）的录取后，再次申请澳大利亚昆士兰大学并被成功录取。也是因为网络，她在还没到大学时就已经联系上了澳大利亚校友，甚至"飞友"（一起搭飞机出国的朋友）。

对于妮妮来说，现实生活跟网络生活像是两个世界，她说她在两个世界里的身份不一样，擅长的事情也不一样。她不怎么用网络联系线下的朋友，在微信与QQ的闲话聊天仅限于网友。对现实生活中的朋友，她更偏爱面对面的交流。

谈到联络，我问妮妮与网友在线上一般是怎么联系的。妮妮说，现在的青少年一般是用QQ联系，因为微信对于很多人来说是比较私密的，更偏向于现实世界，大家并不想让网络里的朋友看到。同理，他们在QQ上发的内容，也不想让家长或老师看到。所以这两个软件，青少年们会分得比较清楚。对妮妮来说，如果她决定把QQ或其他软件上的朋友加到微信，那就说明这个人被她划入了现实生活中。

妮妮边回忆边和我讲了这些，但我知道，网络带给她的远不止如此。在她身上，我深刻地体会到"网络原住民"这个词的意义，她生命里的很多事情都是通过网络来完成的。

我接着问她："我从来没有提醒你在网络上要保护自己之类的话，因为我没有这方面的意识，也没有这些担心，这么多年你在网络中受过骗吗？"

妮妮说："从我一开始进入网络，就有一些网友教我、提醒我，我自己也比较理智，知道不能什么都相信。还有就是我一开始就进入了一个比较好的圈子，里面都是年长的姐姐，会和我分享一些事情，告诉我要注意什么。"

妮妮跟我分享她的观点，她觉得真正的网络诈骗更多是发生在成年人的世界里，而针对未成年人的巨额网络开销，很多都是牵扯到直播或游戏类的。对于家长来说，更值得思考的应该是为什么孩子能自由使用几万元钱，孩子是怎么拿到这笔钱的。很多情况下，小朋友是清楚自己在花钱的，比如有些孩子通过网络"约稿"或者在小红书上买小饰品，他们清楚地知道自己在花钱。在卖方不清楚买方是未成年人的情况下，这并不算"网络诈骗"。对于正常的主播和生意人来说，遇上小学生风险很大，自己的频道或者品牌很可能一下子就没了。

4. 防的是沉迷，不是手机

我问妮妮，从同龄人的角度来看，她认为当今青少年沉迷手机的原因是什么。以下是妮妮的一些分享：

> 如果你给一个8岁的孩子看抖音，几秒一条的短视频会刺激大脑，让它很快做出反应，带来快乐的感

觉,很多小朋友的心智应对不了这种奇妙感觉带来的冲击,就会一直往下刷,这是一种心理的暗示。不要说小孩子,成年人都会忍不住不停地刷,因为这具有刺激性和成瘾性,跟烟酒类似。

短视频不停刺激大脑,在还没刷到下一条新的视频时,大脑已经下意识地期待了。这种期待是廉价的快乐,什么都不用做就能得到。越是易得,当工作压力、学习压力、家庭压力越大的时候,为了自己的心理健康,人就会越想要这种东西,它的成瘾性就越高。

第二个就是依赖性,很多人在网络上找到圈子之后会出现从众现象。孩子们找到了属于自己的圈子,有了归属感,也容易离不开。

再有就是,科技是现在这个时代所有人都需要面对的议题。手机技术绝对不会因为我们的抗拒就不再发展。如果现在不适当地去使用它、了解它,只一味抗拒,孩子将来到社会上也没有办法适应。想想

> 看，4G技术就能催生出这么多游戏，我们已经走在5G的时代里了，未来肯定是往更加网络化、智能化的方向发展。如果现在没有学会运用网络，未来只会有更大的困难。
>
> 举个例子：人工智能。我们所有的工作、学习，已经在和AI挂钩。我学统计，所有编码都是ChatGPT教的。也许，很快我们连程序员都不需要了。手机是技术的一个载体，它更平民化，所有人都可以使用，所以如果连手机都没有办法适应，就不可能适应好未来的环境。

最后妮妮再次问我，到底什么是沉迷。她估算了一下，一个初中生每天的自由时间从下午5点放学到晚上10点睡觉前，只有5个小时而已。哪怕这段时间都在玩，也比大多数成年人看屏幕时间少了很多。

妮妮认为现在的孩子生活在数据时代里，接收新鲜事物的速度是我们没有办法想象的。他们畅游在网络世界里面，就像大人小时候去外面野地里疯玩好几个小时一样，但没有人说那是沉迷户外，对户外上瘾了。

手机对于现在的孩子们来说，只是生活里再平常不过的部分。我们无法想象新一代小朋友的世界是如何构成的，毕竟他们学的东西那么多那么快。也许，网络的信息流之于他们，就好像路边的电线杆、天边的白云、掠过的飞鸟之于我们。

关于沉迷，我还是没有一个合适的定义回答妮妮，或许可以上网查查专家的说法，但我知道那也不是真正的答案。我接触过的家长中，有的认为孩子每天看半个小时手机就是沉迷了，而有的家长，孩子每天看8个小时也不觉得是沉迷。所以，我把这个问题留给所有看这本书的人——你觉得到底什么是沉迷呢？

思考

一直以来，你对孩子的兴趣爱好的态度是什么？你愿意无差别支持孩子发展自己的兴趣爱好吗？还是只支持你认可的？

第四章
应对原则：
我们要彼此看见

第一节

原则一：
放下成见，看见需求

1. 换个角度，大有不同

晓芳因玩游戏的问题，常与孩子起冲突。她砸孩子的手机，孩子就砸电视。她甚至曾把孩子送到戒网瘾学校，但孩子用跳楼和吞刀片的方式威胁老师，最后只能接回。孩子从小留守在家，是爷爷奶奶带大的，晓芳常常觉得对不起孩子，但现在，她完全拿孩子没有办法。

王强也因为孩子玩游戏的事情苦恼，他说自己现在完全无法控制孩子的行为，他们之间也没有任何交流。当有人建议他可以培养孩子其他的兴趣爱好时，他很排斥，表示自己要上班，没时间和孩子沟通。

刘莉家的孩子，小时候很优秀，会钢琴、书法，现在只知道玩游戏，还休学在家，如果不让玩游戏，孩子就对她又打又骂。

一位同事跟我说，他有一位朋友没收了14岁孩子的手机，结果孩子跟她说："如果我现在死了，你能把手机烧给我吗？"

……

"玩游戏"成为现在中国家庭中，亲子之间矛盾最为频繁、冲突最为激烈的问题之一，甚至于攸关性命。作为父母成长与亲子沟通类课程的讲师，我一直在探究，这个问题到底应怎么解决。

我长期从事P.E.T.父母效能训练课程的授课，这是一门以人本主义心理学为基础的课程，其创建者托马斯·戈登说："如果家长们能开始用一种不同的方式来看待孩子的行为，他们的养育就会变得更高效，家庭生活也会变得更舒适。"

这个不同的方式其实很简单，就是换个角度来看待孩子的问题。

举个例子。几乎没有父母喜欢看到自己的孩子哭,特别是新生婴儿,那种没日没夜的哭声能让人瞬间崩溃,所以绝大多数父母都会认为,孩子哭时需要去制止。

但戈登博士说:"哭是一个婴儿说'救命'的方法,这时婴儿是在告诉你,他的身体需要什么。当我们这样看待这个问题时,那么孩子大哭就不能被评断为行为不当。"

过去,我们常常看到的是孩子的行为,但换个角度,也许就能看到孩子的需求。当我们愿意抛开自己的成见,开始关注需求时,也就是我们能真正理解孩子,开始建立稳固的亲子关系的时候。

有一次,在我的新书签售会上,一位妈妈与我说起孩子一天到晚玩手机,她实在不知道该怎么跟孩子沟通,于是我们有了如下对话。

我:"你通常会怎么跟孩子沟通呢?"

家长:"很多时候不知道怎么说,有时候用吼的方式让他别玩,但都没有用,孩子还是继续玩,我一看到他玩手机,就觉得很烦。"

我："如果先把我们对孩子玩手机的看法放一边，你觉得玩手机给孩子带来了什么好处呢？人一般不会做对自己没有好处的事情。"

这个问题，让这位妈妈暂时停止了内心的恐怖片，开始陷入思考，慢慢地说："他学习很有压力，玩手机能让他放松些；还有，玩手机也能让他跟同学之间有更多共同话题，同学可以跟他聊天。"

我："是的，面对一个只对他吼的妈妈，在其他地方有人可以说话太重要了。"

听到这句话，这位妈妈好像整个人都松弛了下来，笑着说："确实，我儿子说我说话就像教导处主任一样。"

当这位妈妈开始思考孩子的需求，而不只是盯着孩子的行为时，她自然就开始放下焦虑，愿意去看到孩子了。

当孩子喜欢上了网络，或是沉迷游戏，我们最重要的是要分析这个行为背后的原因是什么，他们试图以此来满足的需求是什么，玩游戏，孩子到底玩什么。

2. 藏进手机的需求

求知欲

有些孩子通过网络进行学习，来满足求知的欲望，例如我的女儿因为对鲸鱼非常感兴趣，所以在网络上收集大量跟鲸鱼相关的资料、纪录片等。另外，她喜欢漫画，就通过画板连接电脑，学习并创作了很多的漫画。

成就感

在所有人都追求杰出的时代，孩子们经常体验到挫败感。有些孩子在网络上通过打游戏，不断闯关、过关，满足对成就感的需求，这恰好是当代的孩子极其缺乏的一部分。

也有些孩子就是纯粹通过玩游戏打发一些无聊的时间，或是放松身心，体验新鲜事物。例如我的女儿打游戏最多的时候，就是在她初到国外上学，压力最大而家人又不在身边的那段时间，网络游戏陪伴着她度过那段很困难的时光。

游戏中也藏着爱和自由

除了以上需求，我个人认为网络对所有人最大的吸引力在于，它满足了人们对社交和归属感的需求，包括友谊、爱情等。通过网络、游戏，人们实现了彼此之间更进一步的联结。

德国心理学家托马斯·希伯尔认为：现代互联网呈现了我们内在的某一部分，各种网络软件包括游戏等，其实是用现代科技的方式，表达了我们内在真正的需求。

也就是说，现在科技、网络的发展，其实是人们内在需求的外显，人们通过网络是在实现彼此的联结。当一个孩子无法从父母处获得这种联结感时，就会转向他处寻求。这也是为什么亲子关系越不好的家庭里，孩子越容易沉迷于网络。

需求即一个人的内在渴求，渴求至深，表现出来的就是上瘾。几乎所有的上瘾行为，不管是酒瘾还是网瘾，无非是在呼唤着爱，呼唤某个人的回归。

要解决关于网络的冲突，我们就得先了解，孩子在某个特定的阶段，他的需求到底是哪些，然后才能真正有效地解决。

第二节

原则二:
撕下标签,用心倾听

1. 孩子的留言

有次,腾讯成长守护平台针对网瘾少年的问题采访了我,采访文章发出后,出乎意料地,我收到很多自称为"网瘾少年"的孩子的留言。

> 留言一:
>
> 我就是网瘾少年。家长总说学习重要,在家时面对他们和面对领导一样,基本说不上话,除了偶尔被问一下分数和学习情况,经常受到批评之外,并没

有别的话题。非常多的家长都是这样对待孩子的，所以，他们的孩子很多也都沉迷玩手机。家长应该先想想为什么你的孩子玩的是组队的游戏，而不是单机游戏呢。其实单机游戏的体验感是超越网络游戏的，可他们还是选择了游戏体验没有这么好的网游。原因其实很简单，在家没有能说话的人，和别人一起玩游戏让他们感到开心，仅此而已。

留言二：

我也算是个网瘾少年。我妈总说"看看别人家孩子""别人行你为什么不行"，导致我现在特别自卑，感觉自己做什么都不行，于是我选择玩网络游戏，游戏里可以找到朋友，可以让我开心。很多同龄人其实都是这个心理，我现实中不行，网络中还不行吗？现实中没人夸我，游戏中有人夸我啊！玩得久了，你再让他放弃网络游戏，那是根本不可能的，最多可以减少游戏时长。每个孩子都有一定的压力，你们以为孩子就是孩子，哪儿来的压力！这就错了，很少有孩子看父母辛苦心里却无所谓的，有的甚至承受了他这个年龄不该有的压力。但孩子总是什么事都在自己心里藏着，为什么不说呢，是怕父母担心，因为父母养家也不容易啊。

留言三：

我拿起手机不论做什么我妈都吼我，不论我怎么说她都觉得我是在玩游戏，所以我越来越懒得跟她解释，我们就在误会的道路上一去不复返。呵呵呵！

留言四：

安心老师，您好，我来自湖南，是一个网瘾少年。我一直在玩游戏，爸爸妈妈也没有精力管我，我妈妈经常去打牌，我爸爸每天要工作，我甚至泡在网吧里，我不知道应该怎么办，安心老师您能帮帮我吗？

这只是其中很小一部分的留言,当我看到那句"安心老师您能帮帮我吗",心里真的有点五味杂陈。看到这些留言时,我想我们不妨敞开心扉,真诚地问一下自己,"孩子眼里只有游戏,只想玩游戏,这是真的吗?"

我们以为孩子"不懂事",但他们却在为"父母养家不容易"而担忧;我们觉得孩子"叛逆",但他们却只能用这种方式和我们沟通;我们以为孩子沉迷在网络的"虚荣"中,而他们只是在那里找到了存在感而已。

通过这些孩子的留言,我感受到的依然是他们期待被看见,也期待现状可以得到改变。

2. 通过倾听,看见孩子

显然,我们不是天生懂得如何做父母,却可通过学习和倾听,去靠近孩子,走进孩子的情感世界。在倾听孩子之前,我们要先撕下贴在孩子们身上的"网瘾少年"的标签。

我们很容易给孩子贴上各种各样的标签,"不听话""不懂事""内向""懒",包括"网瘾少年"。被这些标签贴久了的孩子，内心甚至都开始认同，"是啊，我就是网瘾少年"，但在标签之下，真实的情况是怎样的呢？

在前面的留言中我们看到，孩子们玩游戏，有的是出于渴望被认可，有的是因为没人管，有的是因为父母的误解，但在父母眼中，这些真相都被一个"网瘾少年"的标签给蒙上了。网瘾少年，不只是一个标签，也是阻断你和孩子沟通的魔咒。而倾听，可以让你撕开这个标签，看看孩子真实的内心到底是怎样的。

那到底该怎么倾听？我们用一个例子来说明：

> 孩子：每次我一拿手机，你们就觉得我是在玩游戏！
>
> 妈妈：嗯，你拿手机也许要打电话，也许为了查资料，可妈妈总觉得你在打游戏，所以你感到委屈。
>
> 孩子：对啊，我都解释多少回了，都不想再说了！

> 妈妈：你也很郁闷，都懒得解释了。我总是不理解你，你很无奈吧。你是希望我们相互理解的，对吗？
>
> 妈妈：我知道了，除了游戏，你还需要通过手机做其他事情。
>
> 孩子：就是，我又不全是在玩游戏。有时候玩游戏，有时候跟同学聊天，有时候我需要查一些资料。
>
> 妈妈：好，明白了。

通过倾听，我们才能跳出某些偏见，了解到孩子的真正需求。倾听其实很简单，就是跳出自己的立场和担忧，换位思考，把自己的脚放到孩子的鞋里，感受对方的感受，并且表达出来。

一次，我的一名学员很兴奋地来跟我分享："安心老师，我太开心了，昨天晚上我跟我儿子谈了一个多小时，他饭都顾不上吃，一直在跟我讲。"我也很开心地问她："哇！你是怎么做到的，快跟我说说。"

一个月前，我第一次见到这位妈妈时，她还眼含泪水跟我倾诉，她儿子上高一了，他们之间已经有将近一年的时间没有好好说话了，几乎没什么沟通。

这位妈妈说到，昨天她收到老师的短信，说孩子在学校有不好的行为。于是，晚餐时她和儿子之间有了一段对话。

> 妈妈：今天我收到老师的短信了。
> 孩子：老师把同学的课本扔到我面前，让我捡起来。
> 妈妈：啊？老师这么做啊，难怪你这么生气了。
> 孩子：现在你知道了吧！

然后孩子就开始滔滔不绝地和妈妈讲起他的事情。以前，这位妈妈一定会讲道理，说老师这么做一定有老师的道理，都是为你好，等等。但这次妈妈的一句回应"啊？老师这么做啊，难怪你这么生气了"，成了她和儿子沟通的转机。

整个过程，这位妈妈都在使用P.E.T.父母效能训练课堂里所学的倾听技巧。而一年多都不怎么好好说话的孩子，在妈妈的倾听下，聊了一个多小时，甚至把自己偷偷抽烟的事情都说了。已经有裂缝的亲子关系，通过一场倾听而开始修复。

我想告诉父母们，很多时候我们不是故意不去理解孩子，孩子也不是故意不和家长沟通，而是我们没有找到有效的沟通方式。但是，我们确实可以通过学习来做到倾听。正如上面这位妈妈，通过学习，掌握了更好地跟孩子进行沟通的方法，从而改善跟孩子之间的关系。

第三节

原则三：
正面表达，不对立伤害

1. 好好说话的秘诀

前面我们讲了怎样通过孩子玩游戏这一行为，去看见孩子背后的真正需求，以及父母们可以通过学习一些技巧，去倾听孩子的需求。然而，作为父母，我们也有自己的感受和需求，这些对我们来说也同样重要。那么，父母该如何表达自己的重要需求呢？该如何说，才能既不伤害亲子关系，同时也能让孩子愿意改变他们的行为？

一个人会说话很重要，有效的沟通就是能好好说话。过去十余年，我致力于分享如何使用语言进行有效能的沟通，总结出四个要点：

要点一：不说产生对立的话

一次，我在武汉做讲座，现场问了大家一个问题，意外得到一个8岁男孩智慧的回答。

我问："如果孩子跑过来跟你说弟弟把他的玩具抢走了，你该怎么做？"男孩回答："虽然我现在还不是家长，但是我认为如果我的孩子这样跟我说，首先我会跟他站在一边，而不是对立起来，我会去理解他。"

果然，智慧是不分年龄的。沟通的时候跟对方在一起，这个道理我在很多年以后才明白，而这位男孩在8岁时就已经懂得。

沟通的初衷是带来理解和合作，而不是加深分离的感觉。有时，我们在表达时是站在对与错的角度看待问题，这往往会把彼此放在对立的一面，而不是"在一起"。

比如，当父母看到孩子不收纳玩具时，可能会有生气、烦躁的情绪，此时被这种情形所困扰的，其实是父母而不是孩子。当父母说"你怎么这么邋遢，自己的玩具都不收拾"时，对立已经出现，孩子的对抗也随即产生。如果我们不想把孩子放在对立面，就可以对孩子说："玩具散落在地上，我担心走路会绊倒摔跤，另外一想到要花时间收拾，我也觉得有些无奈。"父母应该尝试让孩子来了解自己的感受，而非指责。那一刻，父母跟自己的感受在一起，也跟孩子在一起。

要点二：不说言不由衷的话

在课程里，我会邀请父母们来谈谈，真诚地放开自我跟他人进行表达，对他们来说意味着什么。大部分的答案是冒险、示弱、没面子、需要鼓起勇气。

例如，你开着车，孩子在看手机，你心里想说："我开车有点无聊，想要你跟我聊聊天。"但你们实际的对话可能是："坐车的时候别看手机了，会头晕。""不会啊，我不晕。""……"

我们经常都会有这样心口不一、言不由衷的表达。大部分时候，我们说"你真不像话"时，其实那一刻真正的感受是"我很挫败，很懊恼"；在我们说"我真后悔生下你"时，其实我们想说的是"我不知道该怎么办，我很伤心，很难过"。

同理，如果我们说"你很棒，你很好，你很乖"时，其实我们想说的是"你帮忙收拾家里，我很开心，很欣慰"。

说出口的话如果不发自内心，又如何能与对话的人产生联结？所以，如果我们想拉近跟对方心的距离，就要心里怎么想嘴上就怎么说，真诚地开放自我，说由衷的话。

要点三：不说削弱他人的话

如果在沟通中，我们使用的都是伤害他人自尊的贬损性语言，那么带来的不单是对立，还会在精神层面削弱对方。孩子不收拾玩具，父母说他邋遢、不爱干净，只会让他觉得自己不够好。所有责备、辱骂、威胁、挖苦、嘲讽、冷漠、说教之类的话，都是在拉远彼此的距离。

会让对方感觉自己不够好、生出愧疚的话，都是削弱他人的语言暴力。暴力的后果，要么是引来对抗，要么就是让对方产生自我攻击。很显然，这与我们想养育出身心健康的孩子的初心相违背。

要点四：不说让自己后悔的话

"你真差劲""早知道这样，我就不该生下你"……暴怒时刻，我们经常会说出一些令自己后悔的话，而后又会因"恼羞成怒"说出更难听的话，进入情绪的怪圈，形成恶性循环。

在我们情绪极其高涨或极其失落时，应该先自我调整，适当地保持沉默，给自己和他人一些空间，才是最明智的选择。

语言的力量是双向的，伤人的话也必然会伤己，所以，不要说让自己后悔的话。

2."你信息"与"我信息"

到底如何组织语言，才能符合以上的四个原则呢？

P.E.T.父母效能训练课程里有一个沟通技巧，叫作"我信息"，指的是当我们跟他人进行沟通时，只描述客观事实，表达当下感受，陈述这件事情给自己带来的具体影响。这就是"我信息"，与之相对的就是"你信息"，例如：

> 你信息：成天就知道上网，早知道这样我就不该生你。
>
> 我信息：这些天你花很多时间在手机上，我提醒了好几次还是这样，我不知道该怎么办。
>
> 你信息：你不应该一天到晚玩那么多游戏，要好好学习。
>
> 我信息：我认为合理安排和分配时间很重要。
>
> 你信息：不过是比上次考得好一点，有什么好得意的。
>
> 我信息：看到你成绩比上次提高了一些，我也很开心。
>
> 你信息：从今天开始，你不许再玩手机。
>
> 我信息：老师说你最近作业完成得不好，妈妈对此很苦恼，我们一起来想想怎么办。

"你信息"会引发人内在的愧疚感，让孩子陷入自我怀疑，而"我信息"让人了解到，自己的行为会给他人带来影响，从而内在升起责任感，然后做出调整。

当家长用"我信息"的方式和孩子沟通时，不仅让孩子考虑到家长的需求，改变自己的行为，同时也不会伤害亲子关系。从"你信息"到"我信息"的表达，其实是在培养新的语言使用习惯，或许不容易，却有非凡的意义。

《无条件养育》的作者艾尔菲·科恩说过："这很难，但值得我们全力以赴。"当我们这么做时，孩子们也能潜移默化地学会用这样的方式进行沟通。

希望我们都能善用语言，好好说话，发挥语言该有的功能，用爱的语言守候爱的传承。

第四节

原则四：
看见彼此，达成双赢

好好说话是亲子沟通中关键的一步，是良好沟通的开端。大部分时候，当家长能改变旧有的语言习惯，使用"我信息"的方式跟孩子进行沟通时，孩子都会愿意改变行为配合父母。除非对于这件事情，孩子也有强烈的需求，那么抗拒就会同时存在，因为孩子们也想满足自己的需求。

比如，父母希望孩子能更合理地安排时间，兼顾好学习，更自律和自主；孩子们需要通过网络来满足社交或是放松的需求。这时，父母和孩子之间就存在需求冲突，而解决需求冲突的方式就是制定规则。那么，究竟该如何在亲子关系中，制定适用于彼此的规则呢？

1. 规则不是规定

大部分父母口中的"规则",其实都是"规定"。

比如,晚上9点前就得上床睡觉;遇到熟人要问好;放学后第一时间写作业;iPad只能玩5分钟……这些大都是由父母直接制定,没有孩子的自由意志参与其中,这种所谓"规则",其实就是权威下的规定而已。

正因如此,父母才会经常苦恼,为什么我定了规则没有用呢!因为你并没有制定真正的规则,只是在发布规定,孩子要么不会遵守,要么就算遵守了,也不会坚持很长时间。

家长以为制定一些规定,强制孩子遵守,孩子就会知道什么是自律,什么是责任。但其实,这不是自律,而是他律,不是来自孩子的内在驱动,而是迫于压力的外驱动。

托马斯·戈登说,每一次父母们通过权力或权威去强迫孩子做事,他们就剥夺了孩子学习自律,为自我负责的机会。被强制遵守规定的孩子反而会缺乏自律。有些孩子在年龄还小时只能遵守,到了青少年时期,就会变得失去自控力。

2. 制定规则需要孩子参与

真正的规则是由家庭成员一起互动、共同营造出来的。要制定行之有效的规则，很重要的一点就是听取孩子的需求，让孩子参与进来，双方共同制定。所谓"规则"，是让相关的人一起参与制定的，这叫作参与原则。

孩子参与制定，有什么好处呢？一是孩子亲自参与，更愿意执行；二是没有父母强加的规则，更能积极遵守；三是孩子学会自律，更少叛逆或抗拒；四是根据双方的需求出发，更易于找到适用双方的方法。

3. 用双赢法制定规则

合理的规则能让双方的需求都得到尊重和满足，皆大欢喜。我女儿读三、四年级时，喜欢上电脑游戏《摩尔庄园》，然后我收到老师发来的信息，说孩子最近的数学作业有些马虎，有时还会漏交作业。

当时，我并不是简单粗暴地让孩子别玩游戏，而是依照P.E.T.里双赢法的六个步骤制定了规则，解决了这一冲突。

第一步：了解需求

我先是观察和倾听，了解到一来孩子有打发无聊时间的需求，二来周围的小朋友都在聊这款小游戏，她也有社交的需求。并且，游戏能满足她对成就感的需求。而我的需求，则是希望孩子能合理安排时间，我不被老师投诉。

第二步：头脑风暴解决方法

以满足彼此需求为基础，我们大开脑洞，想出很多解决方法。例如：每天放学先玩游戏；每天放学后先写作业；晚饭后我带她下楼骑单车；我们一起学习做手工；一起在放学后做烘焙；游戏的时间由她自己确定；做一个时间表。

第三步：评估解决方法

评估的标准是要同时满足双方需求。我们觉得可行的解决方法有：每天晚饭后我带她下楼骑单车；我俩一起学习做手工；我们一起在放学后做烘焙；游戏的时间由她自己确定；做一个时间表。

第四步：选择双方都满意的解决方法

在选择解决方法时，大部分双赢法是从第三步评估出的方法里选一个，而当时我和女儿决定，选择所有我们提出来的解决方法，结合起来使用。

第五步：执行解决方法

在这之后，我给予孩子更多的陪伴，每天安排一项活动。有时是手工，有时是烘焙，有时是晚上下楼骑单车。作业之余，孩子也继续在电脑上玩《摩尔庄园》。

第六步：后续评估

在我们确定下来这些方案时，我女儿的数学作业问题就已经恢复正常。老师不再找我，我的需求得到满足。

对于我的女儿，我并不以"不玩游戏"为目的，而是为了满足孩子内在各种需求。在那之后，她还是会玩游戏，但很明显在减少，因为她有了更多事情可以去做，例如做一些小糕点带给老师和同学，为我手工织围巾，我们一起下楼疯玩等。

以上是我和女儿为解决需求冲突一起制定规则的过程。值得注意的一点在于，我们不是从是否玩游戏、玩多长时间游戏这些表面问题着手，而是先清晰彼此的需求，在需求的基础上去协调解决办法。

这个过程仅供参考，你需要通过对以上步骤的实践，去找到专属于你和孩子的解决办法。它可能是一张时间表，可能是某项孩子感兴趣的活动，可能是把时间管理的权力完全交给孩子，可能是父母学习跟孩子一起玩手机游戏，可能是其他促进亲子关系的活动。只要你们彼此满意，行之有效即可。

遵照双赢法制定的规则，包含着以人为本，尊重彼此的感受，关注彼此的需求，有爱有序。我们照顾到孩子的需要，孩子也学会尊重和看见他人的需要，这才是合理规则的美好所在。

> 第五节

原则五：做顾问型父母

1. 养娃也要与时俱进

假设我们讨论的不是孩子网络成瘾的问题，而是网络本身，我相信很多父母都愿意从不同视角去看待网络现象。

数字时代来临，带给我们的生活许多改变和便利，无人超市、无人驾驶公共汽车、数字支付等，几乎带着一部手机就可以走遍全中国。而电子游戏的延伸电子竞技，也成为国家正式体育竞赛项目，甚至成为许多高等学府的热门专业。无法否认，我们所处的时代正因数字网络的发展而以迅雷不及掩耳之势改变着。

我们的孩子正赶上这样一个时代，有人称他们为"网络原住民"。孩子们的生活、学习、兴趣等方方面面，都和网络有着紧密的关联，接触到网络和游戏是不可避免的一件事情。

身为父母，我们无法让孩子跳出时代。在解决网络带来的问题上，除了前面几个原则，还有另一个原则——家长可以通过转变自己的观点，来重新审视自己和孩子面临的问题。

父母们可能会问，为什么我们需要转变自己的观点呢？因为让父母感到困扰的通常不是问题本身，而是对于问题所持有的观点。转变了观点，很多问题就会迎刃而解。

转变观点，不是让父母完全放弃自己原有的观点，而是要尝试接受更多元化的观点。世界无时无刻不在发生变化，父母们如果愿意放开自己的思想，转变固有观点，除了能更好解决问题，无疑也是一种更自在的生活态度。

那么在数字时代的背景下，我们又该如何转变自己的观点呢？

父母们在当下时代沿用旧有养育方式时，就会遇到诸多困难。当父母们使用权威时，会遭到孩子的猛烈对抗，严重时可能还会引发轻生或沉迷网络等事件；当父母们放任孩子时，父母会日益厌倦自己的角色，孩子也会变得嚣张跋扈，没有合作精神。

显然，以上两种方式都不得法。当下父母需要重新学习的一课就是如何当父母。我从事家庭教育十多年，最早只有遇到问题的家长才来学习沟通，而现在，一些年轻的父母也会主动学习如何当父母，正是因为他们意识到时代不同，养育孩子的方式也需要更新迭代。

不单是父母，老师亦是如此，需要学习新的教育方式。在成都，有一所学校叫"先锋学校"，面对青春期喜欢网络游戏的学生，校长会组队带着孩子们参加比赛。在这个过程中，孩子们既学习了学校的教学任务，自己的兴趣爱好也得到了尊重，潜力得到了发挥。

2. 聪明的父母当顾问

要想当一名顾问型父母，我们需要先了解什么是顾问。

词典上对顾问的解释是"有某方面的专门知识，供个人或机关团体咨询的人"。在人生这条路上，父母可以说是孩子的第一顾问。父母都希望自己的经验可以成为孩子成长的指路标，可以让孩子少吃苦，少走弯路。所以经常会说，"我走过的路比你吃过的盐都多""不听老人言，吃亏在眼前"。但是，孩子并不是每次都愿意接受，有时甚至会反抗，反其道而行之。

成为能让孩子接纳的顾问型父母非常重要，只有孩子愿意听，父母才能成为孩子成长路上真正的指路标。那什么才是顾问型父母呢？

真诚地分享，不强迫孩子改变

我的女儿也喜欢玩网络游戏，我不会禁止她，而是与她分享我高中沉迷看世界名著，大学时喜欢玩俄罗斯方块、超级马力欧的事情。我分享这些沉迷带给我的快乐，也分享我的遗憾，比如由于沉迷游戏，成绩下滑，以致错失了重点班名额。

事实上，父母的很多行为都潜移默化地影响着孩子。所以，父母需要真诚地分享过往的经验，让孩子有机会从家长的失败当中吸取教训，也有机会从成功中汲取经验。

提供客观信息

要成为顾问型父母，就离不开客观事实的提供与分享。可以跟孩子讲一些案例，例如沉迷网络前后学习成绩的对比、人际关系的改变等。用事实说话，让孩子有机会了解到更多客观真实信息，从而做出更准确的判断。

需要注意的是，当我们提供这些经验和事实时，需要保持一种不偏不倚的中立态度。让孩子感受到，父母是与他站在一起的，是想帮助他了解更多信息，不是为了让他改变行为而故意寻找有利证据。我们的目的只是让孩子了解事情的全貌。

勇敢信任，给孩子空间

最后，也是最关键的一点，当我们做完了上述表达观点、分享经验、提供信息后，我们不应急于让孩子改变行为，而是要将改变的责任留给孩子自己。比如我和女儿分享经验，我邀请她来借鉴我的经验，但不对她提出要求。不要求她因为我曾经有过的遗憾而停止玩游戏。

我曾遇到过一位妈妈，对孩子的学习时间要求非常严格，因此她和孩子的关系已紧张到白热化。

学习P.E.T.之后，她决定放手让孩子自己安排学习时间。一开始孩子突然得到自由，成绩下降了。但是，这位妈妈告诉我："我以为他会一直这样下去，但没想到变化一点点发生了。他逐渐不排斥我了，并且和我分享他对学习时间的看法，我们一起制定了新的学习时间表。他现在成绩比以前好多了。"正是因为这位妈妈的信任，给孩子空间，让孩子有了自我负责的机会，也让他更加自信地面对困难。

我们的现实是由我们自身的信念所构成的，有什么样的信念，就有什么样的现实。观点改变，现实则翻转。不管是对自己拥有的信念，还是对父母这一角色的定义，我们都需要重新思考。

后记

孩子的灵魂属于明日世界

有一次,我在武汉物外书店给父母们做一场讲座。当问到在场的家长,养育孩子的过程中都有什么样的压力时,一位随父母一起来的小男孩抢着回答了这个问题。他说,我觉得爸爸妈妈的压力是想理解孩子,但有时又没法满足孩子的需求。

这个孩子一语道破了当下父母的难处。身为父母,他们也很想尊重和理解孩子,但很多时候确实不知道如何去满足孩子的需求。那么,不妨去尝试走入孩子的世界,了解当下青少年们的现状。你会发现,这个时代的孩子真的不一样。

我女儿 17 岁时,邀请我和她一起去看《清明上河图》展出。往返北京很多年,这却是我第一次去国家博物馆、首都博物馆和故宫。

在国家博物馆,从远古时期的器皿上为何有图案,到青铜铸造至今的未解之谜,再到各个朝代瓷器的不同……她都能跟我说上一二。在首都博物馆,她对中国史和世界史侃侃而谈。那些在我看来纷杂和无趣的历史,在她口中变得如此有趣。在故宫,她跟我讲《清明上河图》的时代背景、这幅伟大画卷的杰出贡献等,我第一次知道《清明上河图》的真正意义所在。

我们在北京期间,正逢寿光市遇水灾。当我们大人还在感叹天灾还是人祸、谈论谁该为此负责时,她已经开始组织救援了,两天筹资一万多元。在专业救援大部队到达之前,她和小伙伴已经购买并寄出了很关键的第一批物资。

这件事中,投入救援的并不止我女儿一个。仅仅是我了解到的,就有约两千个青少年在做着同样的事情。他们有的跟我女儿一样还在读高中,有的是大学生。他们都是这个时代的代表。这就是当下的青少年,是新一代的孩子。

我暗自庆幸,没有让她按照我的意愿成长。我只是在情感上尽我所能去呵护她，助她成为她自己。多少次在我着急时，想操控她时，我总是这么提醒自己：这个时代和她自己，注定有它和她该有的模样。她属于她自己，属于明日世界，属于我无法到达的世界。

时代总是在往前走，就如当年我们的父母不理解我们一样，也许现在我们也理解不了我们的孩子。但是愿我们葆有一份对这个时代的好奇，尝试走进孩子的世界，尽力理解他们，支持他们。纪伯伦说，你的孩子不是你的孩子，他们的灵魂属于明日世界，属于你做梦也无法到达的明天。

加拿大心理学教授布鲁斯·亚历山大做过这样一个实验：把一只老鼠放到一个笼子里，并放置两瓶水，一瓶是清水，另外一瓶添加少许海洛因。他发现，老鼠总是喜欢有毒的水，死得特别快。他又做了一个笼子，叫作"老鼠乐园"，这个笼子就像是老鼠的天堂，里面有大量食物可以吃，有多种颜色的鼠球可以玩，还有无数条小隧道，最重要的是它们有很多的朋友。亚历山大教授提供了同样的清水和毒水，令人惊讶的是，在老鼠乐园里，老鼠们几乎从不喝有毒的水，没有一只老鼠因为忍不住而饮用。单独隔离的老鼠百分百饮用毒水；它们拥有快乐和生命的联结后，对毒水的饮用次数是零。

第一次看到这个情况，亚历山大教授认为，这只是发生在老鼠身上，但后来，人们发现在人的身上也是如此。我们可以透过实验看到本质，即网络所带来的问题，跟其他行为所产生的问题大致相同，大部分都与"关系"有关。当孩子们不需要借助网络来逃避现实世界里的问题时，他便既可以享受网络的乐趣，也有空间去做好自己的事情。

在《P.E.T.父母效能训练实践篇》这本书里，一位妈妈讲述了她如何让有毒瘾的女儿走出毒瘾。

在女儿14岁的时候，她得知女儿吸毒，这对她的家庭来说是个巨大的打击。然而，她和丈夫所有的关心和要求都被女儿拒绝了。当父亲要求女儿远离现在的朋友时，女儿带着厌恶和愤怒大喊"你们没有权力帮我选择朋友"，然后离家出走了。

这位妈妈认为孩子所有的问题都应该由她负责，因此她承受了巨大的养育压力。每次沮丧时，她就开始胃疼。在家庭医生的建议下,她和丈夫参加了 P.E.T. 父母效能训练工作坊,开始学习并试着改变自己的沟通模式和与孩子相处的方式。

女儿开始依然对她很抗拒,但是渐渐地,她看到妈妈的转变,相信妈妈愿意和她共同面对问题,她们之间的紧张气氛也缓和下来。经过四年时间的陪伴和共同努力,她的女儿从对毒品的依赖中走了出来,重新开始学习和生活。

所以不管是毒瘾,还是网瘾,所有的瘾都是对爱的呼唤。当父母们勇于自我反省,愿意透过事情的表象去看到问题的本质,并且付诸行动时,亲子关系便会得到改善,同时也会无限接近这些问题的解决办法。

有人说,种一棵树,最好的时间是十年前,其次是现在。在多年亲子课程的培训中,我见证了太多这样的时刻,太多家庭因为改变了亲子沟通的方式而改善了亲子关系。他们当中有的孩子还很小,有的已经是青少年,甚至有的已经在上大学。不管孩子多大,改善亲子关系,任何时候都不迟,且有路径可循。正如前文所提到的,无论是重新审视孩子的需求、通过倾听看见孩子,还是与孩子正面沟通表达、使用"六步锦囊"、做一名顾问型父母，都是行之有效的方法，若能结合起来使用效果会更好。

　　灵性诗人鲁米说，你生而有翼，为何竟愿一生匍匐前行，形如虫蚁。这句话或许是在形容我们这一代的无奈。但我们的孩子，他们注定是要飞翔的一代。但愿，我们都能成为孩子飞翔的助力，而不是阻力。

　　祝福所有的父母和孩子！